El mundo en español Junior

LIBRO DE CULTURA Y CIVILIZACIÓN - nivel A

MATERIAL DIGITAL DESCARGABLE

El mundo en español Junior

LIBRO DE CULTURA Y CIVILIZACIÓN - nivel A

Autor: Óscar Rodríguez
Coordinación editorial y supervisión pedagógica: Carmen Aguirre
Textos: Clara de la Flor, Óscar Rodríguez, Aroa Moreno, Roberto Gelado Marcos, Javier L. de la Flor

Glosarios en inglés, francés, alemán, italiano y portugués: Terry Berne, María-Luz Castillo, Nadia Prauhart, Francesca Coianiz, Faustino Yañez
Diseño y maquetación: Clara de la Flor y Sara Calonge
Pictogramas: ROSACASIROJO
Corrección: Rebeca Julio

Portada: Joan Sanz
Ilustraciones: Joan Sanz
Fotografías: *Punto y Coma,* Clara de la Flor, Óscar Rodríguez.
© *Perroflauta del futuro,* Makino, 2013.
© Fotografías grafitis *Fuerza* e *Integración, La calle habla... ¡Escúchala!,* Roberto Hernández B. / Museo a Cielo Abierto (Chile), 2013.
© Fotografías grafitis del barrio latino de Los Ángeles, *La calle habla... ¡Escúchala!,* Raúl de la Flor.
© Trocortesiano maya *Culturas precolombinas,* Museo de América, 2013.
© Fotografía lobo, *Animales ¡SOS!,* Chris Martin Bahr / WWF, 2013.
© Fotografía tapir, *Animales ¡SOS!,* Zig Koch / WWF, 2013.
© Fotografía tortuga, *Animales ¡SOS!,* Guy Marcovaldi / WWF, 2013.
© Fotografía lince, *Animales ¡SOS!,* Alfonso Moreno / WWF, 2013.
© Fotografía osos pardos, *Animales ¡SOS!,* Kevin Schofer / WWF, 2013.
© Grabado de don Quijote y Sancho, *Las "buenas" energías,* Gustave Doré.
© Fotografías Sonsoles Masiá, *Deportes extremos,* Unai Bellami Sierra, 2013.
© Fotografía Clemente Alonso, *Deportes extremos,* Clemente Alonso, 2013.
© Fotografías Tarifa, *Deportes extremos,* www.arturohernandez.es, 2013.
© Fotografía *kitesurf, Deportes extremos,* Turismo de Cozumel, 2013.

Producción y edición de audio: Fernando de Bona
Locución: Marcos García Barrero, Lorena Briedis, Coralia Ríos, Susana Santolaria, Laura Corpa, Georbis Martínez
Música: Ignacio Bona, Javier Bona
Estudio de grabación: Habla con Eñe

© Habla con Eñe, S.L., 2013.
www.hablaconene.com

Primera impresión: marzo de 2013
ISBN: 978-84-939911-4-2
Depósito legal: M-3785-2013
Impreso en España por Imprimex

Índice

Introducción didáctica

El mundo en español junior es el nuevo libro de cultura realizado por Habla con Eñe para los más jóvenes.

Tras el éxito de los dos libros anteriores de la colección de *El mundo en español* (*El mundo en español: lecturas de cultura y civilización* nivel A2 y *El mundo en español: lecturas de cultura y civilización* nivel B) aparece este nuevo libro centrado en la cultura de los países que hablan español.

El objetivo de este libro es acercar la cultura, la historia, las formas de vida y las tradiciones de los países hispanohablantes a los adolescentes y jóvenes, con un nivel elemental de español, que estudian en los distintos centros.

Los temas que aparecen en este libro han sido cuidadosamente seleccionados pensando en los intereses del público al que van dirigidos: los adolescentes y los jóvenes que tienen entre 11 y 15 años. La selección se ha hecho también teniendo muy en cuenta los contenidos culturales que se recogen en el Plan Curricular del Instituto Cervantes.

La enseñanza de la lengua no puede entenderse sin la enseñanza de la cultura. La lengua es el instrumento que posibilita la relación entre los pueblos y sus gentes, por eso es tan importante. Gracias a estos contactos los grupos humanos se transfieren sus conocimientos, se intercambian sus productos y se enriquecen mutuamente. La lengua es el instrumento de comunicación, pero cuando esta se desconoce se convierte en el gran obstáculo que dificulta la relación.

Aprender la lengua es el paso previo para que la comunicación se dé, pero no es el fin en sí mismo porque solo nos podremos entender de verdad si junto con la lengua aprendemos las costumbres, la historia, los valores, los códigos de comportamiento, las pautas de educación, lo que es y lo que no es importante para el otro...

Los contenidos de este libro se presentan en 12 unidades reunidas en 3 bloques. El primer bloque, *La voz de la calle*, se centra en la vida, las costumbres y el arte que prefieren los adolescentes. La música, los cómics, el arte callejero de los grafitis y las tribus urbanas son los distintos temas que se presentan en las unidades correspondientes a este primer bloque. El segundo bloque, *Historias y leyendas*, nos presenta la influencia árabe en España, las grandes culturas indígenas de Hispanoamérica y el legado de América en los hábitos alimenticios. El tercer y último bloque, *Mundo natural y vida sana*, nos lleva al respeto y cuidado de la naturaleza. Los animales en peligro de extinción y los grandes climas y espacios naturales de América latina se muestran en estas unidades. También el deporte y su importancia para el ocio, la salud, la diversión y la convivencia son temas que se tratan en estas unidades.

Al igual que en los otros dos libros de esta colección, la utilización de audios ocupa un lugar primordial. Por eso, todas las unidades llevan una actividad de comprensión auditiva y todos los textos de lectura se pueden escuchar en el CD que acompaña al libro.

CÓMO TRABAJAR CON ESTE LIBRO

El mundo en español junior está concebido como un libro de trabajo para el aula que, tomando como base una temática cultural, trabaja la gramática, los contenidos funcionales y los contenidos léxicos del nivel A de una manera organizada y estructurada.

En la elaboración de este libro ha tenido un papel fundamental el componente lúdico. En todo momento se ha buscado que las actividades sean atractivas y divertidas para un alumno que tenga entre 11 y 15 años de edad.

Cada unidad se inicia con un pequeño texto que introduce el tema que se va a tratar, da información y sirve de contexto para realizar las actividades de expresión y comprensión oral y expresión y comprensión escrita que se desarrollan a lo largo de toda la unidad.

Las palabras más difíciles están señaladas con un superíndice y van traducidas al final del libro a varios idiomas: inglés, francés, alemán, italiano y portugués. Es un glosario muy práctico tanto para el estudiante como para el docente.

Las actividades de participación a través del trabajo en parejas, en grupos pequeños o en todo el aula tienen un peso muy importante. Por eso, al seleccionar los temas, hemos tenido muy en cuenta su actualidad, interés y atractivo, con el fin de que generasen y potenciasen esta participación.

Las unidades de este libro no tienen por qué realizarse en el mismo orden en el que aparecen. La agrupación de las unidades se ha hecho teniendo en cuenta la temática, pero el profesor puede variar este orden dependiendo de los contenidos que quiera presentar y del grado de dificultad de las estructuras gramaticales que aparecen en cada unidad.

Como el manual cubre todo el nivel A, se trabajan gran cantidad de contenidos que pueden ser seleccionados en función de las capacidades del alumno al que van dirigidos. Por ello en las dos páginas siguientes dispone de información detallada sobre los contenidos funcionales, gramaticales, léxicos y culturales que se trabajan en cada unidad.

Aconsejamos que las unidades 6 (*Al-Ándalus, historias y leyendas*), 7 (*Culturas precolombinas*) y 12 (*Deportes de equipo*), que contienen verbos en pasado, sean las últimas en ser presentadas.

¿EN QUÉ MOMENTO SE PUEDE UTILIZAR ESTE LIBRO?

Lo ideal es utilizar el libro cuando el alumno tiene un mínimo de conocimiento de español. Se puede utilizar perfectamente después de un curso anual con clases de tres horas semanales aproximadamente.

Este libro puede usarse como único libro de aula en el segundo año que se estudie español o como libro complementario al libro de texto en el segundo y tercer año de estudio.

MATERIAL DIGITAL DESCARGABLE

Como complemento a los contenidos y actividades del libro, se presentan materiales extras para cada unidad que se pueden descargar en nuestra página web: *www.mundojunior.hablaconene.com*

En página web estarán los siguientes contenidos disponibles para ser descargados:
- solución a las actividades;
- transcripción de las audiciones pertenecientes a las actividades de comprensión oral de cada unidad;
- actividades complementarias;
- audiciones en mp3.

Para acceder al material digital complementario de este libro debes fijarte en los códigos de color de las páginas 5, 13, 19, 25, 31, 37, 43, 49, 55, 61, 67, 73, 77 y 79. Introduce en la web *www.mundojunior. hablaconene.com* el código de color que te pida nuestra web, descarga el material y consúltalo desde tu ordenador, tu tableta o tu teléfono móvil.

CÓDIGOS PARA ACCEDER AL MATERIAL DESCARGABLE (MP3 + PDF)

Para acceder a las audiciones de este libro debes fijarte en los códigos de color de las páginas 5, 13, 19, 25, 31, 37, 43, 49, 55, 61, 67, 73, 77 y 79. Introduce en la web *www.mundojunior.hablaconene. com* el código de color que te pida nuestra web, descarga el audio y escúchalo en tu ordenador o en cualquier reproductor mp3.

El mundo en español junior *tiene dos versiones: una con un CD que contiene todas las audiciones, las soluciones a las actividades y las transcripciones de las audiciones en PDF, y otra versión sin CD para todos aquellos que prefieran descargarse el material de la web de Habla con Eñe:*
www.mundojunior.hablaconene.com

Programación y contenidos

	CONTENIDOS FUNCIONALES	CONTENIDOS GRAMATICALES
UNIDAD 1 SONIDOS LATINOS	- Proponer y sugerir un plan. - Hablar sobre los gustos propios o de otra persona.	- El verbo *gustar* y los verbos relacionados con los gustos. - *Vamos a* + infinitivo, *vienes a* + infinitivo...
UNIDAD 2 LA CALLE HABLA... ¡ESCÚCHALA!	- Dar y pedir una opinión. - Dar una valoración. - Preguntar y hablar sobre los gustos y preferencias.	- Verbo *preferir*: irregularidad vocálica en presente de indicativo. - Estructuras para expresar la opinión y la valoración. - Pronombres interrogativos.
UNIDAD 3 HUMOR DE AQUÍ Y DE ALLÁ	- Describir el carácter y el físico de una persona. - Hablar sobre las profesiones y los lugares de trabajo.	- El verbo *ser* en descripciones de la personalidad. - Presente de indicativo regular e irregular.
UNIDAD 4 Y TÚ, ¿DE QUIÉN ERES?	- Definir las características de un grupo. - Dar una opinión. - Dar recomendaciones y consejos.	- Los verbos *ser, llevar* y *tener* en descripciones. - *Yo creo que, pienso que, opino que...* - *Debes, tienes que, es mejor...* + infinitivo.
UNIDAD 5 ORIGEN: AMÉRICA	- Hablar de hábitos alimenticios. - Expresar la cantidad. - Expresar la impersonalidad. - Describir un producto.	- Forma generalizadora con el pronombre *se*. - Pronombres de objeto directo. - Marcadores que ordenan la información.
UNIDAD 6 AL-ÁNDALUS, HISTORIAS Y LEYENDAS	- Hablar de hechos y acontecimientos del pasado. - Hablar de la vida de una persona. - Expresar la duración del tiempo en el pasado.	- Pretérito indefinido regular e irregular. - Marcadores temporales de pretérito indefinido.
UNIDAD 7 CULTURAS PRECOLOMBINAS	- Describir personas, objetos, lugares y tiempos en pasado. - Hablar de acciones habituales en pasado.	- Pretérito imperfecto de indicativo. - Imperativo. - Marcadores temporales del pretérito imperfecto.
UNIDAD 8 ANIMALES ¡SOS!	- Describir animales. - Expresar los estados de ánimo. - Hablar de la causa de algo.	- Los verbos *ser* y *tener* en descripciones. - El verbo *estar* para los estados de ánimo.
UNIDAD 9 PARAÍSOS NATURALES	- Describir un lugar. - Localizar lugares en el espacio. - Expresar existencia. - Hablar sobre el tiempo atmosférico.	- El verbo *ser* en descripciones. - El verbo *estar* para las localizaciones. - Verbo *haber*: la forma *hay*. - Verbos impersonales: *llover, nevar...*
UNIDAD 10 LAS "BUENAS" ENERGÍAS	- Expresar tareas y acciones en curso. - Hablar sobre planes futuros. - Expresar la frecuencia de las acciones. - Contar historias de manera ordenada.	- *Estar* + gerundio. - *Ir a* + infinitivo. - Adverbios y expresiones de frecuencia. - Marcadores de ordenación del discurso.
UNIDAD 11 DEPORTES EXTREMOS	- Hablar de un día normal. - Expresar la frecuencia con la que se hace algo. - Preguntar y decir la hora.	- Presente de indicativo de verbos pronominales. - Expresiones de frecuencia. - El verbo *ser* en la expresión de la hora.
UNIDAD 12 DEPORTES DE EQUIPO	- Expresar la causa. - Hablar de las experiencias de la vida. - Hablar del pasado relacionándolo con el presente.	- Pretérito perfecto de indicativo. - Conectores causales. - Marcadores temporales de pretérito perfecto.

CONTENIDOS LÉXICOS	CONTENIDOS CULTURALES
- El mundo de la música y los festivales. - Los gustos.	- La música española e hispanoamericana de la actualidad. - La escritura de los mensajes de móvil. - Festivales de música en el mundo hispano.
- Adjetivos para valorar. - Los colores, la pintura y el arte.	- El arte callejero: los grafitis en el mundo hispano.
- Adjetivos para describir el físico y el carácter. - Las profesiones y los lugares de trabajo. - El mundo del cómic.	- Las tiras cómicas y los tebeos en España e Hispanoamérica.
- La ropa y los complementos. - Las descripciones físicas y el carácter. - Las tribus urbanas. - Las nuevas tecnologías.	- Las tribus urbanas. - Los problemas de los jóvenes. - La tecnoadicción.
- Los alimentos. - El mundo de la cocina. - Adverbios de cantidad.	- Productos alimenticios que provienen de Hispanoamérica. - Hábitos de comida de los españoles. - Recetas hispanoamericanas.
- Palabras de origen árabe en español. - Vocabulario sobre la vida de una persona.	- La historia de al-Ándalus y sus personajes. - Leyendas de al-Ándalus. - Inventos y tecnología de al-Ándalus.
- Vocabulario relacionado con la sociedad. - Los números: cardinales y ordinales. - Los días de la semana y los meses del año.	- Las culturas precolombinas: mayas, incas y aztecas.
- Los estados de ánimo. - Los animales y el medio ambiente.	- Los animales en peligro de extinción en España e Hispanoamérica.
- Puntos cardinales. - El clima. - Estaciones del año. - Actividades turísticas.	- Diferentes climas en Hispanoamérica. - Fauna y flora de Hispanoamérica. - Turismo en Perú.
- Las energías renovables. - El viento como energía y los molinos.	- Las energías renovables. - La energía eólica en España. - El *Quijote* y los molinos de viento.
- Actividades de los fines de semana. - Actividades de los días laborables de la semana. - Deportes acuáticos y deportes extremos.	- Deportes extremos en España. - Hábitos de todos los días.
- Deportes de equipo. - Vocabulario relacionado con la competición.	- Los deportes de equipo en el mundo latino. - Estrellas del deporte hispano.

UNIDAD ❶
Sonidos latinos

Festival Internacional de Música en Español

PRECIO 50 €

Viernes 20 de junio

Sábado 21 de junio

Escenario Sol

PACO DE LUCÍA (España)
Flamenco
20:00 h
▶ Escucha: *Entre dos aguas*

CALLE 13 (Puerto Rico)
Hip-hop y reguetón
21:00 h
▶ Escucha: *Atrévete te te*

21:30 h **SHAKIRA** (Colombia)
Pop-rock latino, cumbia, bolero
▶ Escucha: *Rabiosa*

23:00 h **MACACO** (España)
Reggae, ritmos latinos, rumba catalana
▶ Escucha: *Pirata de agua salada*

Escenario Luna

JUANES (Colombia)
Pop-rock, ritmos caribeños
22:30 h
▶ Escucha: *Me enamora*

22:00 h **BAJOFONDO** (Argentina)
Tango electrónico
▶ Escucha: *El Andén*

ACTIVIDAD 1

A. Aquí tienes el cartel de un festival de música. Activa los vídeos para conocer a los músicos, cantantes y grupos musicales.

 B. Escribe el nombre del estilo en cada descripción. Compáralo con tu compañero.

RUMBA CATALANA   FLAMENCO   TANGO   CUMBIA   RITMOS CARIBEÑOS   REGUETÓN

1. _____ :
es el género musical más importante de España. Es andaluz y es gitano porque nace entre los gitanos de Andalucía. Su instrumento más importante es la guitarra. Los cantantes de este estilo se llaman cantaores. Se baila dando golpes en el suelo con los pies y es un género musical muy difícil de aprender. A veces, es una música muy alegre y otras veces es muy triste. Es muy bonito y espectacular verlo en directo. Un buen ejemplo de fusión de esta música con el hip-hop es *Tiempo de soleá*, de Ojos de Brujo. Audio ❶

2. _____ :
es una música moderna y popular. Es un reggae en español mezclado. Se parece al hip-hop en la manera de cantar. Nace en Panamá y hoy se baila en todo el mundo. A veces, sus letras y su forma de bailar son un poco groseras[1], pero también hay grupos que tienen canciones muy interesantes y hablan de problemas sociales. Los ritmos vienen de máquinas electrónicas y uno de los temas más conocidos es *Atrévete te te*, de Calle 13. Audio ❷

3. _____ :
es una música tradicional de Colombia y Panamá. Tiene melodías de los indígenas americanos y ritmos africanos llevados por los esclavos[2] a América. En este género musical hay muchos instrumentos de percusión, como los tambores u otros como la gaita y el acordeón. Su baile es muy seductor. Bomba Estéreo es un grupo musical colombiano que cultiva este género musical. Audio ❸

4. _____ :
son muy populares y son muy divertidos para bailar. Nacen en los países del mar Caribe. Entre ellos están el son cubano, la salsa, el merengue, el bolero, etc. En estos ritmos es muy característico el sonido de las trompetas y de la percusión. Una canción muy famosa con uno de estos ritmos es *A lo cubano*, de Orishas. Audio ❹

5. _____ :
es un género musical de Argentina y Uruguay. Nace entre los emigrantes europeos de la zona del Río de la Plata. El cantante más popular de todos los tiempos se llama Carlos Gardel. Se baila en parejas y es un baile muy elegante y con mucho sentimiento. El instrumento más característico del tango se llama bandoneón y se parece mucho al acordeón. Gotam Project es un grupo muy actual de este género. Audio ❺

6. _____ :
es un estilo dentro del flamenco. Se desarrolla mucho en España, pero su origen está en Cuba. Es un estilo musical muy divertido para bailar. Puedes bailar solo o en pareja. Hay muchos artistas que hacen este tipo de música, y la fusionan, además, con música moderna y electrónica. "Ir de rumba" en Colombia es "ir de fiesta". Uno de los grupos más conocidos de España es Estopa. Audio ❻

C. Aquí tienes unas fotografías. ¿A qué género musical pertenece cada una de ellas?

Imagen 1:

Imagen 2:

Imagen 3:

ACTIVIDAD 2

A. Aquí tienes información sobre los gustos de un grupo de amigos. Fíjate bien en lo que les gusta.

la comida japonesa +

las bailarinas de reguetón ++

Óscar

hacer fotografías -

bailar tango +

la comida catalana ++

Rebeca

los ritmos lentos -

ir de tapas - -

los mojitos ++

Sara

bailar salsa +

bailar +

la comida india - -

Clara

el flamenco ++

la comida tailandesa +

tocar el acordeón ++

Carmen

conciertos con mucha gente - -

salir de fiesta -

la comida argentina ++

Fernando

los conciertos con amigos +

B. Pregunta a tu compañero qué le gusta a cada uno de ellos. Ayúdate del cuadro.

Ejemplos:
- ¿Qué le gusta a Clara?
- Le gusta mucho el flamenco.
- ¿A Fernando le gustan los conciertos con amigos?
- Sí, le gustan.
- ¿Le gusta a Sara ir de tapas?
- No, no le gusta nada.

C. ¿Qué tipo de música te gusta a ti más?

EXPRESAR GUSTOS

(a mí)	me
(a ti)	te
(a él)	le
(a nosotros)	nos
(a vosotros)	os
(a ellos)	les

gusta o *encanta* (singular) + infinitvo
gustan o *encantan* (plural) + infinitivo

encantar ↑ **+**
gustar
no gustar
odiar **-**

demasiado ↑ **+**
mucho
un poco
no.... nada **-**

ACTIVIDAD 3

A. Óscar envía un *e-mail* al grupo para informar del festival. Léelo y busca en él las fórmulas para proponer actividades o planes.

¡Hola chicos!
¡Ya está aquí la edición de este año del Festival Internacional de Música en Español! Hay muchos grupos interesantes, así que tenemos que ir sí o sí. En este *e-mail* os adjunto el cartel con la programación de los conciertos. Hay dos escenarios: Sol y Luna; y cada noche actúan tres grupos. El precio de la entrada es de 50 euros para todo el festival (un poco caro, ¿no?). ¿Por qué no quedamos el viernes para comer en un restaurante japonés? ¿Vamos a ver la presentación de los artistas? También quiero sacar algunas fotos. ¿Qué tal si quedamos sobre las 13:30 en la Plaza Mayor, debajo del reloj?
¡Qué guay! ¡Qué ilusión!
Un abrazo.
Óscar

B. Elige a uno de los amigos del grupo y escribe un *e-mail* de respuesta. Ten en cuenta los gustos de cada uno. ¡Ayúdate del cuadro!

PROPONER PLANES O CITAS
- *¿Vamos a* + infinitivo? - ¿Vamos a comer juntos?
- *¿Vienes a* + infinitivo? - ¿Vienes a comer mañana por la noche?
- *¿Quedamos...*? - ¿Quedamos el sábado que viene para ir al cine?
- *¿Por qué no...*? - ¿Por qué no vamos a cenar el jueves?
- *¿Qué tal si...*? - ¿Qué tal si vamos todos juntos la semana que viene?
- Interrogación directa - ¿Tomamos algo esta noche?

ACTIVIDAD 4

A. Aquí tienes un sms que ha dejado uno de los fans para Shakira en el Twitter de la organización. ¿Puedes entenderlo? Escríbelo completo colocando todas las letras que faltan.

#SHKIRANVUELVLOK
Shkir!!!!! q wpa ers.
M nknts.☺Creo k tu músik es gnial. kiero csrm cntg.☺ Kiers?

B. Deja un mensaje para tu cantante favorito.

C. Ahora escríbelo en la pizarra. ¿Tus compañeros pueden entenderlo?

PARA SABER MÁS
Diccionario de sms

ACTIVIDAD 5

A. Mira estas imágenes.
¿Qué sabes de estos festivales?

 B. Escucha este reportaje sobre festivales de música del mundo hispano y completa la tabla.

festival	¿dónde?	¿cuándo?	grupos famosos

 C. ¿Conoces otros festivales de música? Háblalo con tu compañero.

ACTIVIDAD 6: ¿TE LO SABES?

HE APRENDIDO	LO QUE + ME HA GUSTADO
TENGO QUE REPASAR	LO QUE - ME HA GUSTADO

UNIDAD ②

La calle habla...
¡Escúchala!

El grafiti *Fuerza* está
en Santiago de Chile

ACTIVIDAD 1

A. Comenta estas preguntas con tu compañero.

1. ¿Qué os parecen los grafitis?
2. ¿Creéis que son un arte como la pintura, escultura, etc.?
3. ¿Pintáis grafitis? ¿Tenéis algún amigo que los pinta?
4. ¿Cuáles creéis que son los temas principales de los grafitis?

LA VOZ DE LA CALLE

ACTIVIDAD 2

A. ¿Conoces todos estos adjetivos?

original	bonito	divertido	aburrido	feo
normal	moderno	clásico	impactante	

B. A continuación tienes dos grafitis del barrio latino de Los Ángeles. Coloca debajo de cada uno los adjetivos que crees que los definen. ¿Puedes añadir más adjetivos?

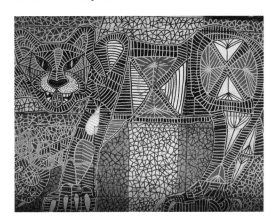

C. ¿Qué te parecen los dos grafitis? Utiliza los recursos del recuadro.

AYUDA

DAR UNA VALORACIÓN

¡estupendo! ¡perfecto!   ↑ **+**
está muy bien
está bastante bien
está bien
está regular / así así
está mal
está bastante mal
está muy mal   **-**

Es demasiado / muy / bastante / un poco / poco + ADJETIVO
No es nada + ADJETIVO

¡Qué + ADJETIVO!
muy + ADJETIVO

D. ¿Cuál prefieres de los dos? ¿Y tu compañero? Coméntalo con los otros compañeros.

AYUDA

PREFERIR

Yo pref**ie**ro	Nosotros preferimos
Tú pref**ie**res	Vosotros preferís
Él pref**ie**re	Ellos pref**ie**ren

ACTIVIDAD 3

A. Leonor está en un sitio muy especial y se lo cuenta a su amiga en un *e-mail*. Lee el texto y responde a las preguntas.

1. ¿Dónde está?
2. ¿Por qué es especial?

Hola, Olga:

¡Estoy en un barrio de Santiago de Chile que se llama San Miguel! Aquí viven entre seis mil y siete mil personas. Es un lugar que no está nada mal porque es muy especial. Aquí hay un proyecto bastante famoso: el Museo a Cielo Abierto. Pienso que es la mayor expresión colectiva de arte callejero de Chile. Este lugar está lleno de grafitis impresionantes. Están en la calle y todo el mundo los puede ver y disfrutar del arte. Los dibujos son muy divertidos y originales. Y, claro, los edificios con los dibujos son más bonitos y no parecen demasiado viejos. El barrio es muy moderno.

Yo creo que pintar estas paredes no es nada fácil. Estas pinturas las hacen los artistas con la ayuda de los vecinos de San Miguel. Todos tienen bastante trabajo porque son gigantes... ¡Qué impresionantes! Mi favorito es *Integración*. Tiene un contraste de colores fenomenal. Aparece una chica de color gris, bastante guapa, y el fondo tiene colores muy vivos: naranja, rojo, amarillo y verde.

B. Busca en el texto las estructuras que has trabajado anteriormente en la unidad. ¿Las reconoces?

PARA SABER MÁS
Museo a Cielo Abierto

C. Mira la página web que te proponemos y responde el *e-mail* a Leonor dándole tu opinión y valoración sobre este barrio de Chile.

ACTIVIDAD 4

Audio **8**

A. Vas a escuchar una entrevista con un grafitero. Escúchala y señala los temas de los que se habla en la entrevista.

| datos personales   su día normal   estilos   su ciudad   colores   sus amigos   familia   gustos   obras |

B. Escúchalo otra vez y completa la siguiente ficha. Compruébalo con tu compañero.

FICHA

1. Nombre y pseudónimo:

2. ¿Le gusta pintar solo o con amigos?

3. Época del año que prefiere:

4. Hora del día para pintar:

5. Colores que le gustan

6. Estilo que prefiere:

C. ¿Sobre qué otros temas puedes preguntarle? Crea las preguntas y después entrevista a tus compañeros usando esas preguntas. Ellos tienen que imaginar las respuestas.

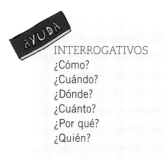

INTERROGATIVOS
¿Cómo?
¿Cuándo?
¿Dónde?
¿Cuánto?
¿Por qué?
¿Quién?

D. ¿Cuáles son tus preferencias en cuanto a colores, estilos, etc.? Coméntalo con tu compañero.

PARA SABER MÁS
Web de Makino

ACTIVIDAD 5

A. Este es un grafiti de Makino, el grafitero de la entrevista. Se titula *Perro flauta del futuro.* Utiliza los adjetivos de la actividad 2 para describirlo.

B. Diseña tu grafiti y ponle un título.

TITULO:

 C. Cuélgalo en la clase. Cada estudiante vota el grafiti que más le gusta. ¿Cuál es el elegido? ¿Cuál tiene más votos?

D. Ahora tenéis que hacerle una entrevista al ganador. Podéis utilizar las preguntas de la actividad anterior o crear preguntas nuevas.

ACTIVIDAD 6: ¿TE LO SABES?

HE APRENDIDO	LO QUE + ME HA GUSTADO
TENGO QUE REPASAR	LO QUE - ME HA GUSTADO

UNIDAD **3**

Humor de aquí y de allá

ACTIVIDAD 1

A. Comenta estas preguntas con tu compañero.

1. ¿Te gustan los cómics?
2. ¿Lees muchos? ¿Cuáles son tus personajes favoritos?

B. Lee el texto y responde a las preguntas.

CÓMIC, TEBEO O HISTORIETA

¿Sabes que un tebeo es un cómic para jóvenes? En 1917 se publica en España *TBO*, una revista de historietas para niños y jóvenes que se hace muy famosa. Se hace tan famosa que todos los cómics que se leen en España empiezan a llamarse *tebeos*. Actualmente, se utiliza también la palabra *cómic*.

El cómic o tebeo es una historia compuesta por unos dibujos llamados viñetas. Las viñetas nos van contando una historia. Los personajes que aparecen hablan unos con otros y sus palabras están en una especie de burbuja[1] que sale de su boca. En español esta "burbuja" se llama *bocadillo*.

Todos los países tienen personajes de tebeos que se hacen muy conocidos. Algunos son famosos en el mundo entero, como Astérix, Tintin y Superman.

Los niños y los jóvenes españoles son muy aficionados[2] a leer tebeos desde mediados del siglo pasado. De aquella época son personajes tan conocidos como el Capitán Trueno, el Jabato o los hermanos Zipi y Zape. En los años sesenta y setenta aparecen personajes sorprendentes y muy divertidos: los disparatados[3] detectives Mortadelo y Filemón, del dibujante Francisco Ibáñez, y el superhéroe Superlópez, una especie de Superman español bastante torpe[4], del dibujante Juan López Fernández.

Sin embargo, el personaje más popular y más internacional de todas las tiras cómicas que hablan español es Mafalda, del humorista argentino Quino. Las viñetas de esta niña rebelde[5] nacida en Argentina son famosas en todo el mundo. *Mafalda* tiene casi 50 años y está traducido a más de 30 lenguas. Audio **9**

1. ¿Qué es un cómic?
2. ¿Qué es un "bocadillo"?
3. ¿Quién es Quino?
4. ¿Cuántos años tiene Mafalda?

C. Ahora cread por parejas cuatro preguntas más con la información del texto.

D. Elegid una pareja de compañeros y ¡a jugar!

ACTIVIDAD 2

A. Observa la tira cómica. Descríbela ayudándote con las siguientes preguntas:

1. ¿Cuántas personas hay? ¿Cómo son? ¿Qué ropa llevan?
2. ¿Dónde están?
3. ¿Qué problema tiene Mafalda? ¿Por qué le pide silencio a Felipe?
4. ¿Quién está malito en la casa?
5. ¿Por qué piensa Mafalda que el mundo está enfermo?

© Joaquín Salvador Lavado (QUINO), *Todo Mafalda*. Lumen, 1992

PARA SABER MÁS
Mafalda

Audio 🔟

B. Escucha la presentación de uno de los personajes y completa.

DESCRIPCIÓN DEL PERSONAJE
1. ¿Cómo es?
2. Profesión:
3. Gustos:
4. Amigos:

C. Escucha de nuevo la audición y compara tus respuestas con las de tu compañero.

ACTIVIDAD 3

nervioso/a	divertido/a
tacaño/a	abierto/a
trabajador/a	idealista
realista	generoso/a
cerrado/a	responsable
callado/a	hablador/a
aburrido/a	paciente
mentiroso/a	tranquilo/a
impaciente	sincero/a
irresponsable	vago/a

A. Forma parejas de antónimos.

B. Mafalda es muy buena estudiante. ¿Qué características tiene que tener un buen estudiante?

ESTUDIANTE

Cualidades:

C. Ser estudiante es un trabajo, una profesión. ¿Qué otras profesiones conoces?

¿Sabes dónde trabajan y qué características las definen? Coméntalo con tu compañero.

ACTIVIDAD 4

A. Completa el anuncio.
¿Qué características tiene un buen dibujante?

B. Tu compañero y tú os presentáis al concurso. Tenéis que crear un personaje y también situaciones para vuestro tebeo.

C. Escribid ahora una pequeña presentación en 3ª persona del personaje principal de vuestro tebeo. Sigue el modelo de Felipe que te presentamos aquí.

"Felipe es muy amigo de Mafalda. Está siempre muy preocupado con la escuela porque es un poco vago y no le gusta hacer los deberes del colegio. Es un poco despistado, bastante simple y muy ingenuo. Por eso, muchas veces no entiende a Mafalda. Ve la vida de una manera sencilla porque todavía es pequeño. Le gusta mucho el cómic de *El llanero solitario*. Está enamorado de una niña que se llama Muriel, pero ella no le hace caso porque es un poco feo. Tiene los dientes y la boca hacia delante, como un conejito, y la cabeza demasiado grande".

PRESENTE REGULAR

TRABAJAR	BEBER	VIVIR
trabajo	bebo	vivo
trabajas	bebes	vives
trabaja	bebe	vive
trabajamos	bebemos	vivimos
trabajáis	bebéis	vivís
trabajan	beben	viven

PRESENTE IRREGULAR

SER	IR
soy	voy
eres	vas
es	va
somos	vamos
sois	vais
son	van

PRESENTE IRREGULAR

PRIMERA PERSONA IRREGULAR
hacer - hago, decir - digo, tener - tengo, venir - vengo, dar - doy, estar - estoy

IRREGULARIDAD VOCÁLICA
En 1ª, 2ª y 3ª persona del singular y 3ª persona del plural
- Cambian *e* por *ie*: empezar - empiezas, cerrar - cierras, tener - tienes, atender - atiendes, defender - defiendes
- Cambian *o* por *ue*: dormir - duermo, poder - puedo, contar - cuento.
- Cambian *e* por *i*: repetir - repito, pedir - pido, reír - río

IRREGULARIDAD CONSONÁNTICA
En 1ª persona del singular
- Verbos terminados en *-acer, -ecer, -ocer, -ucir* ⇨ *-zco*:
parecer - parezco, conocer - conozco, conducir - conduzco

Título del tebeo: _____

Descripción: _____

D. Presentad el trabajo en clase. Podéis hacer un teatro, mimo, un mural, etc.

E. La clase es el jurado del concurso. Cada grupo puntúa a los demás con esta tabla.

	☺ ¡¡¡uuuhh!!!	☺☺ ¡¡bien!!	☺☺☺ ¡genial!
TEBEO	Idea copiada de otro tebeo. Aburrido.	Original y divertido.	Superoriginal y muy bien desarrollado.
PRESENTACIÓN	Presentación aburrida.	Original y divertida.	Presentación muy original, muy completa y divertida.
SENSACIÓN GENERAL	Poco trabajado y poco original.	Original y bien trabajado.	Gran trabajo.

ACTIVIDAD 5: ¿TE LO SABES?

HE APRENDIDO	LO QUE + ME HA GUSTADO
TENGO QUE REPASAR	LO QUE - ME HA GUSTADO

UNIDAD ④
Y tú,
¿de quién eres?

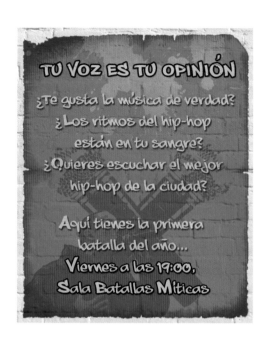

ACTIVIDAD 1

A. Lee el anuncio.

1. ¿De qué trata el anuncio? ¿Conoces a alguien así?
2. ¿Qué sabes de las tribus urbanas?

 B. Lee el texto y responde a las preguntas.

Punkis, frikis, góticos, emos, floggers, hiphoperos, rastafaris y muchas más son las tribus urbanas que encontramos en la actualidad en las calles de las grandes ciudades españolas. En los últimos tiempos estos grupos son muy importantes y podemos verlos en las calles de manera habitual.

Los jóvenes tienen la necesidad de expresarse, de sentirse parte de un todo y de tener protagonismo en una sociedad que casi nunca cuenta con ellos[1]. Por este motivo buscan a otros jóvenes que comparten con ellos sentimientos y aficiones para formar un grupo y poder disfrutar juntos. El nacimiento de un nuevo grupo musical, estar en la misma red social, la defensa de una causa, una nueva moda…, cualquier motivo es bueno para crear una nueva tribu urbana.

Los principales puntos de unión de los miembros de una tribu urbana son unas ideas comunes en el grupo, un estilo de ropa, una estética propia y gustos similares. Además, también tienen costumbres parecidas, hablan de la misma manera, van a los mismos bares, discotecas, conciertos…, y visitan las mismas páginas web.

Audio ⑪

1. ¿Qué tribus urbanas se mencionan en el texto?

2. ¿Por qué se unen los jóvenes en grupos?

3. ¿Cuáles son los motivos para formar una nueva tribu?

4. ¿Qué aspectos comparten los miembros de una misma tribu urbana?

1._____   2._____   3._____   4._____   5._____

ACTIVIDAD 2

A. Coloca estos nombres en las imágenes de la actividad 1.

HIPHOPEROS	GÓTICOS	EMOS	FLOGGERS	SKATERS

Audio ⑫

B. Escucha el siguiente *podcast* y completa los cuadros.

Nombre	HIPHOPEROS
Gustos	
Ropa	
Ideas	
Otras características	

Nombre	EMOS
Gustos	
Ropa	
Ideas	
Otras características	

Nombre	GÓTICOS
Gustos	
Ropa	
Ideas	
Otras características	

Nombre	SKATERS
Gustos	
Ropa	
Ideas	
Otras características	

Nombre	FLOGGERS
Gustos	
Ropa	
Ideas	
Otras características	

C. Escúchalo de nuevo y comprueba con tu compañero.

ACTIVIDAD 3

A. Imagina tu propia tribu urbana. Completa el cuadro.

AYUDA

DESCRIPCIONES FÍSICAS
Son muy extravagantes.
Llevan gorra, pantalones, etc.
Tienen el pelo corto.

NOMBRE	
GUSTOS	
ROPA	
IDEAS	
OTRAS CARACTERÍSTICAS	

B. Dibuja un miembro de tu tribu.

C. Escribe en TUTRIBUURBANA.FORO.COM una pequeña presentación.

TEMA: ¿CUÁL ES TU TRIBU URBANA?

Presentación 1: Los lakerianos.
Somos un grupo de jóvenes fanáticos del baloncesto y de Los Ángeles Lakers. Nos gusta el juego del equipo y nos encantan Pau Gasol y Kobe Bryant. Siempre vestimos con ropa deportiva y zapatillas de baloncesto, y normalmente llevamos los colores de nuestro equipo: amarillo y púrpura. Nos encanta el deporte y nuestro objetivo principal es ser libres y felices. ¡Vamos todos los días a ver al equipo! *Iván.*

Presentación 2: Los whatsaperos
Nos une nuestra pasión o nuestro vicio por el WhatsApp. Siempre utilizamos el WhatsApp para todo, es lo que nos une. Llevamos ropas con colores claros y alegres, y con emoticonos como estos ☺☺. ¡Las gafas de sol son imprescindibles! Estamos siempre alegres y somos un grupo muy unido…, si funciona el 3G del móvil.
Carmen.

ENVIAR MENSAJE

ACTIVIDAD 4

A. Los tecnoadictos, una nueva tribu urbana.

En la actualidad la mayoría de las personas vive más tiempo en el mundo virtual que en el mundo real. Los jóvenes tienen a su disposición₂ todos los avances tecnológicos de un mundo en constante evolución. Pero ¿estás demasiado virtualizado? ¡Completa el siguiente test y descubre si la tecnología te domina a ti o tú a ella!

1. **¿Cuántos aparatos cargas por la noche?**
   a. Ninguno, no me gustan los aparatos.
   b. Uno o dos.
   c. Más de dos.

2. **¿Cuándo te despiertas abres tu página de Facebook?**
   a. No, nunca.
   b. A veces.
   c. Sí, siempre.

3. **¿Cuántos ordenadores hay en tu casa?**
   a. Ninguno, no me gustan los cerebros electrónicos.
   b. Entre uno y dos, lo imprescindible para "sobrevivir".
   c. Más de dos.

4. **¿Cuántas horas al día hablas por el móvil?**
   a. Menos de una.
   b. Entre una y tres.
   c. Más de tres, necesito estar en contacto continuo con mis amigos.

5. **¿Cuántas veces al día revisas el correo electrónico?**
   a. ¿Correo electrónico? ¿Eso qué es?
   b. Lo reviso dos o tres veces al día, depende.
   c. Cada hora, ¡las noticias vuelan!

6. **¿Abandonas tus obligaciones personales por estar más tiempo frente al ordenador, videoconsola, televisión, etc.?**
   a. No, nunca. El trabajo es lo primero.
   b. Normalmente no, pero depende.
   c. El ordenador es una de mis obligaciones personales.

7. **¿Cuántas horas de ocio a la semana dedicas a los tecnovicios?**
   a. De tres a cinco.
   b. Aproximadamente diez.
   c. Más o menos veinte.

8. **Tus amigos…**
   a. Son todos de carne y hueso.
   b. Tengo amigos en línea y otros que puedo tocar.
   c. Mejor amigos a distancia, así no tengo que salir de casa.

RESULTADOS DEL TEST

Mayoría de respuestas A: #nosoydeestesiglo
Vives en el siglo pasado. Tienes que ponerte un poco al día y entrar en el mundo virtual.

Mayoría de respuestas B: #mellamanelequilibrado
En tu vida hay equilibrio. Vives en armonía entre tu "yo real" y tu "yo virtual". El tecnoequilibrio perfecto.

Mayoría de respuestas C: #mividaonline
Tu cabeza está en un mundo imaginario. Tienes que vivir más en la realidad y menos en la red. Debes intentar viajar más veces al planeta Tierra y estar más cerca de los humanos.

B. Consulta el resultado de tu test y compáralo con tus compañeros.

C ¿Sois tecnoadictos? ¿Conoces a algún adicto a la tecnología? ¿Qué opinas de este tema?

Ejemplo: Yo **creo que** no soy tecnoadicto **porque** me conecto muy poco a internet.

AYUDA

DAR OPINIONES
Pienso
Creo   +   que soy / que no soy
Soy
Opino

CAUSA
Porque….

ACTIVIDAD 5

A. Lee estos *e-mails* y únelos con la respuesta correspondiente.

María, 14 años.
Mi hermano tiene 12 años y está todo el día "enganchado³" al ordenador. Desayuna con el ordenador, después del colegio, también con el ordenador, y está despierto hasta las dos o las tres de la mañana conectado al Facebook y al Tuenti. ¡Ahora llama Patricia al ordenador! ¿Yo creo que piensa que es su novia? ¿Qué podemos hacer? Muchas gracias.

Respuesta 1:
Tu problema es muy común hoy en día. Creo que tu vida ahora es una vida virtual, una vida de mentira. La vida virtual es muy atractiva: tienes muchos amigos, puedes ser la persona que quieres… Todo es bonito, ¿o no? Tienes que intentar vivir en la Tierra, lo mejor es apoyarte en tu familia y amigos (de carne y hueso). Debes contarles el problema y tienes que querer cambiar las cosas. ¡Ellos te van a ayudar, seguro! Un fuerte abrazo y mucho ánimo.

Lucía, 16 años.
Tengo un problema con mis padres. Son muy antiguos con el tema del mundo virtual y me prohíben tener ordenador. ¡Ahora os escribo desde el ordenador de una amiga! Necesito un ordenador para la escuela y para comunicarme con mis amigos. Yo quiero tener una vida normal, ellos tienen miedo de la tecnoadicción, pero yo me pregunto: "¿No hay límites?". Muchas gracias y enhorabuena por vuestro programa.

Respuesta 2:
Tú tienes un papel principal en este problema. Tienes que demostrar a tu hermano que el mundo real es más divertido que el virtual. Lo mejor es organizar una salida al campo de fin de semana con tus padres. ¡En el campo no hay ordenadores! Tienes que llamar a sus amigos y organizar una pequeña fiesta en casa. ¡Ánimo y un abrazo para tu hermano!

Pedro, 13 años.
¡Tenéis que ayudarme! Mis amigos no responden mis *tweets*, no me contestan mis mensajes privados en el Facebook ni responden mis sms ni mis *e-mails*… Me siento solo, no sé qué hacer. ¿Qué me podéis recomendar?

Respuesta 3:
Es un problema difícil, pero tiene solución. El ordenador es necesario para la escuela y debes decirles a tus padres que lo necesitas para hacer trabajos y para tu vida social. Creo que lo mejor es demostrarles que eres responsable para tener una vida virtual equilibrada, tienes que seguir estudiando. ¡Suerte con tus padres!

B. Busca en las respuestas expresiones para dar consejos.

C. Con tu compañero piensa tres problemas que tenéis los jóvenes. Elegid tres problemas entre toda la clase.

PROBLEMA 1:

PROBLEMA 2:

PROBLEMA 3:

D. Ahora da consejos para esos problemas.

AYUDA

CONSEJOS Y RECOMENDACIONES

Deber
Tener que   + infinitivo
Lo mejor es

CONSEJOS PROBLEMA 1:

CONSEJOS PROBLEMA 2:

CONSEJOS PROBLEMA 3:

ACTIVIDAD 6: ¿TE LO SABES?

HE APRENDIDO	LO QUE + ME HA GUSTADO
TENGO QUE REPASAR	LO QUE - ME HA GUSTADO

UNIDAD ❺
Origen: América

Cristóbal Colón y los españoles llegan a América en 1492. Gracias a esa aventura los europeos descubren muchos de los productos que hoy comemos cada día. Más del 70 % de los productos que se consumen hoy tienen su origen en el Nuevo Mundo, en América. ¡Vamos a ver algunos!

A

1. _____ : este nombre es la mezcla[1] de la palabra quechua *papa* y de la palabra *batata*, otro alimento muy parecido. Es el nombre español, y *papa* es el nombre original del alimento, que hoy se utiliza en América Latina y en Andalucía. Las consumen los europeos desde el siglo XVI gracias a los españoles. Hoy Europa es el primer consumidor del mundo. **Audio** ⓭

IMAGEN: _____

C

2. _____ : es la bebida sagrada de los aztecas (México) y los mayas (México y América Central). Es la mezcla de cacao, azúcar y leche o agua. El árbol del cacao tiene su origen en la selva amazónica. Hoy se consume masivamente en todo el mundo. ¿Te imaginas la vida en Europa sin este producto? **Audio** ⓮

IMAGEN: __

B

3. _____ : utilizamos este producto mucho en la cocina para dar sabor y para colorear los guisos[2]. Hay muchas formas de prepararlo y lo come todo el mundo. *Chile* y *ají* son las palabras que usan los latinoamericanos. Esta palabra es el nombre que usan los españoles. **Audio** ⓯

IMAGEN: __

4. _____: esta ave tiene su origen en México. Su nombre original es *guajalote*. Los europeos lo comercializan desde el siglo XVI, y hoy es una comida típica de Navidad. El nombre en inglés es *turkey* porque llegó a Gran Bretaña a través de Turquía. Audio ⑯

IMAGEN: __

E

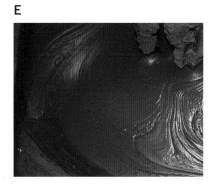

6. _____: este producto es lo que le da el sabor amargo[4] a la tónica. La obtenemos de la corteza de un árbol de los Andes. Las tribus americanas la usan para curar la fiebre. En Occidente la descubren en la primera mitad del siglo XVII y desde entonces es una medicina para tratar la malaria. Audio ⑱

IMAGEN: __

D

5. _____: hoy en día lo hay en todos los países, pero es original de México. Su nombre en lengua náhuatl se escribe *tomatl*. En México tiene el nombre de jitomate. ¿Sabes que también llamamos así a un agujero[3] en un calcetín? Audio ⑰

IMAGEN: __

F

ACTIVIDAD 1

A. **Lee los textos y une cada texto con su fotografía y con el nombre del producto.**

PATATA   CHOCOLATE   PIMIENTO   TOMATE   QUININA   PAVO

B. **¿A qué producto nos referimos?**

1. Así llamamos a un agujero en el calcetín: _____
2. Europa es el primer consumidor del mundo de _____
3. Este producto lo usan las tribus indígenas para curar la fiebre: _____
4. Hoy en día es una comida típica de Navidad: _____
5. Tiene su origen en la selva amazónica: _____
6. En Sudamérica también se le llama ají: _____

ACTIVIDAD 2

A. Busca en los textos y completa este cuadro.

	Pronombres de OD		
	1ª	2ª	3ª mas. fem.
singular	me	te	
plural	nos	os	

B. Reescribe las frases utilizando pronombres de OD.

1. Las patatas son muy importantes en España porque **utilizamos las patatas** en muchos platos.

2. Este sombrero me queda muy bien, **he comprado el sombrero** en Ibiza.

3. –¿Tienes estos zapatos en el número 48?
   –No, no **tengo estos zapatos**. Solo **tengo estos zapatos** en el 45.

4. –¡Me encanta esta canción!
   –A mí también, **estoy escuchando la canción** todo el día.

AYUDA

COLOCACIÓN DEL PRONOMBRE DE OBJETO DIRECTO

Pronombre + verbo conjugado ⇨
Pronombre delante del verbo: *lo utilizan...*

Pronombre + infinitivo / gerundio / imperativo afirmativo ⇨
Pronombre detrás del verbo: *utilizarlo...*

Pronombre + verbo + gerundio ⇨
Pronombre delante o detrás de la forma verbal: *lo están
utilizando, están utilizándolo*

ACTIVIDAD 3

 A. Con tu compañero pensad en un alimento típico de vuestro país. Buscad información y completad estos cuadros.

ORIGEN	CARACTERÍSTICAS	CURIOSIDADES

 B. Escribe un pequeño texto siguiendo los modelos de la actividad 1.

_____
_____
_____
_____

 C. Leedlo en clase sin decir el producto. Vuestros compañeros tienen que adivinar qué producto es. Podéis responder preguntas con sí o no para ayudarles.

Ejemplo: *–¿Es una verdura?*   *–¿Es una fruta?*
              –No.   *–Sí, es una fruta.*

ACTIVIDAD 4

A. Coloca cada producto en su cesta de la compra: *plátano, azúcar, lechuga, pollo, manzana, gambas, tomate, sal, arroz, zanahorias, mantequilla, leche, limón, ternera, aguacate, patata, ajo, merluza, cebolla, sardina.*

CARNE	FRUTAS	PESCADO	VERDURAS	OTROS

Audio ⑲

B. A continuación vas a escuchar la receta de un plato típico de Hispanoamérica. De la lista, marca los ingredientes que necesitamos y toma nota de los siguientes datos:

1. ORIGEN:
2. RECETA (NOMBRE):
3. DIFICULTAD:
4. TIEMPO DE PREPARACIÓN:

C. Escúchalo otra vez y ordena junto con tu compañero las fotografías del proceso de elaboración. Después escribe la receta siguiendo el modelo.

añadir	quitar el hueso	triturar	pelar	cortar

añadir	añadir	servir	partir	mezclar

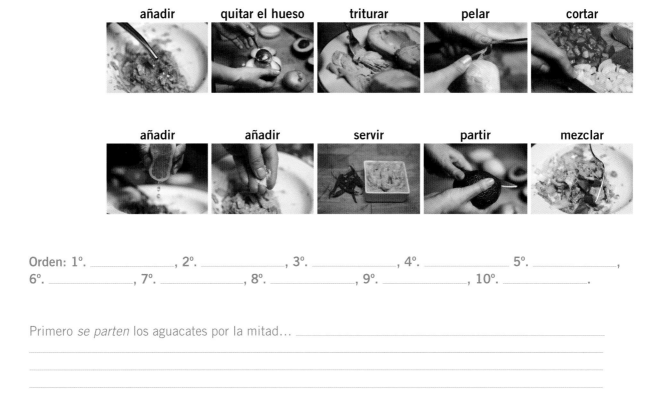

Orden: 1º. _____, 2º. _____, 3º. _____, 4º. _____ 5º. _____,
6º. _____, 7º. _____, 8º. _____, 9º. _____, 10º. _____.

Primero *se parten* los aguacates por la mitad… _____
_____
_____
_____

FORMA GENERALIZADORA CON SE
Pronombre *se* + 3ª persona (singular o plural)

Con esta construcción señalamos que el agente que realiza la acción no está especificado, puede ser cualquiera; es decir, es un agente universal: *se parten los aguacates, se corta la cebolla…*

AYUDA
MARCADORES
primero, antes
luego, después
y, también, y también
por último, al final, más tarde

ACTIVIDAD 5

CANTIDAD

A. **Aquí tienes algunas costumbres de España. ¿En tu país es diferente?**

En España...
- Se come de todo. ¡Hay mucha variedad!
- Se toman suficientes frutas y verduras.
- En el desayuno se come poca comida, pero por lo general se toma una tapa a media mañana.
- Últimamente se come demasiada comida rápida: *pizzas*, hamburguesas, kebabs, etc.
- El almuerzo o comida del mediodía es la principal del día: primer plato, segundo plato y postre. Y en España se come sobre las 14:00.
- Por la noche se cena poco, algo ligero: ensaladas, sopas, etc.

En tu país...
- _____
- _____
- _____
- _____

demasiado / a / os / as

mucho / a / os / as

suficiente / es

poco / a / os / as

B. **¿Y tú? ¿Cuáles son tus hábitos?**
Coméntalo en clase con tus compañeros.

ACTIVIDAD 6: ¿TE LO SABES?

HE APRENDIDO	LO QUE + ME HA GUSTADO
TENGO QUE REPASAR	LO QUE - ME HA GUSTADO

UNIDAD **6**

Al-Ándalus,
historias y leyendas

Tras la llegada de los musulmanes a la península ibérica, al-Ándalus se convierte en el lugar más refinado de Europa. Los musulmanes nos han dejado monumentos importantes, pero también nos han enseñado mucho sobre las formas de vida y el cultivo de la tierra.

ACTIVIDAD 1

 A. Lee el texto y completa la tabla.

Me llamo Isa Ar Razi, y soy el último de una larga familia de historiadores de al-Ándalus. De los muchos pobladores[1] que tuvo la península en el pasado, los musulmanes fuimos los que más tiempo nos quedamos. Estuvimos en España casi ocho siglos y en este período compartimos con los habitantes de la península nuestra cultura, arte y civilización. Hoy en día esta influencia todavía se puede sentir muy viva en muchas ciudades como Granada, Córdoba y Sevilla.

GRANADA

El monumento más importante que dejamos los musulmanes en España es la Alhambra de Granada. La Alhambra es un palacio fortificado[2] que se construyó en la cima de una montaña. Se comenzó a construir en el siglo IX y en el siglo XII, con la llegada del primer rey nazarí, Mohamed I Al-Ahmar, se convirtió en residencia real. En 1492 los Reyes Católicos la reconquistaron y terminaron con la presencia musulmana en la península ibérica.

CÓRDOBA

Abd Al-Rahman I llegó a esta ciudad en el siglo VIII y la convirtió[3] en la capital del emirato independiente de al-Ándalus. Él fue también la persona que comenzó la construcción de la Gran Mezquita de Córdoba, que hoy en día es la catedral de la ciudad. A mediados del siglo XIII, Córdoba volvió a manos cristianas.

SEVILLA

Fue la primera capital de al-Ándalus en el siglo VIII y estuvo en nuestro poder hasta mediados del siglo XIII. Una de las figuras más destacadas fue Al-Mutamid, el rey poeta. Grandes personajes de la cultura andalusí vivieron en Sevilla durante su reinado. En los Reales Alcázares de Sevilla hay un monumento en honor a este gran mecenas de la cultura.

Audio 🔊20

	GRANADA	CÓRDOBA	SEVILLA
fechas			
personaje			
monumento			

B. Responde a estas preguntas.
1. ¿En qué siglo se convirtió la Alhambra en la residencia del rey?
2. ¿Quién comenzó a construir la Mezquita de Córdoba?
3. ¿Por qué se destacó Al-Mutamid?

C. Busca información en el texto y crea cuatro preguntas más para hacerles a tus compañeros.

PARA SABER MÁS
La Alhambra de Granada
www.alhambra-patronato.es
La Mezquita de Córdoba
www.catedraldecordoba.es
Los Reales Alcázares de Sevilla
www.alcazarsevilla.org

ACTIVIDAD 2

A. Busca en el texto las formas verbales correspondientes a estos infinitivos.

Tener	
Ser	
Vivir	
Compartir	
Estar	
Volver	
Comenzar	
Quedarse	
Construir	
Convertir	

AYUDA

PRETÉRITO INDEFINIDO REGULAR

HABLAR	CORRER	VIVIR
habl-é	corr-í	viv-í
habl-aste	corr-iste	viv-iste
habl-ó	corr-ió	viv-ió
habl-amos	corr-imos	viv-imos
habl-asteis	corr-isteis	viv-isteis
habl-aron	corr-ieron	viv-ieron

B. ¿Qué formas verbales del ejercicio anterior crees que son irregulares y cuáles no? En el cuadro de ayuda tienes las formas regulares del pretérito indefinido.

REGULARES:

IRREGULARES:

C. Queremos presentaros una breve biografía de Al-Mutamid. Coloca en su lugar y en el tiempo adecuado cada uno de los verbos que te presentamos a continuación: *nacer, trasladarse[4], conocer, casarse, ser, morir, perder, convertirse[5], nombrar[6], matar, llegar.*

El rey poeta (1).......... en el año 1040 y a los 12 años (2).......... a Portugal para estudiar con un poeta que lo introdujo en el mundo de la literatura y (3)............ en su mejor amigo. A los 18 años (4)............. a su amada Rummaykiya y ese mismo año (5) .... con ella. En el año 1069 su padre lo (6)........... rey, y poco después su gran amigo lo traicionó[7] y el rey lo (7).......... En esa época la poesía fue muy importante en el Reino Taifa de Sevilla. Pero en el año 1091 (8)............. el reino y fue expulsado[8] de Sevilla. (9)............. a Marruecos y allí (10)............. a los 55 años junto a su amada. Toda su vida (11)............. un gran poema épico.

D. Añade los marcadores temporales del texto a esta lista que te proponemos.

ayer   _____
la semana pasada   _____
anteayer   _____
el mes pasado   _____
el otro día   _____
anoche

PARA SABER MÁS
Cuentos de la Alhambra
IRVING, W. (1953)
Madrid. Ediciones Ibéricas

ACTIVIDAD 3

Audio **21**

A. En al-Ándalus hubo muchos personajes históricos importantes que dejaron muchas leyendas. Escucha la que te proponemos y responde las preguntas.

TÍTULO:

1. ¿De qué trata la narración?
2. ¿Quiénes son los protagonistas?
3. ¿Dónde se desarrolla la acción?

B. Escucha de nuevo la historia y ordénala.

1°:___ 2°:___ 3°:___ 4°:___ 5°:___ 6°:___ 7°: ___

a. El rey miró atrás y suspiró triste.
b. Mandaron al destierro⁹ al rey.
c. Los Reyes Católicos tomaron Granada.
d. Su madre le dijo: "Llora como una mujer lo que no supiste defender como un hombre".
e. El rey y su corte fueron al exilio.
f. El rey lloró muy triste.

C. Aquí tienes el principio de otra leyenda. Escribe un final para la historia.

Leyenda del Patio de los Leones
En la Alhambra hay un patio con una fuente rodeada de leones. Cuenta la leyenda que la princesa Zaira y su padre viajaron a Granada y se quedaron en la Alhambra. A la princesa le gustó mucho su nueva casa, pero a su padre no. El rey prohibió a la princesa salir del palacio. Pero un día un chico llamado Arturo la vio desde fuera y saltó dentro del patio y le dijo: "Estoy enamorado de ti, eres tan bella como el amanecer en el paraíso". La princesa respondió: "Tienes que irte o mi padre te va a cortar la cabeza". Arturo se fue, pero prometió volver. Audio **22**

AYUDA

PRETÉRITO INDEFINIDO IRREGULAR

IR / SER
fui / fuiste / fue / fuimos / fuisteis / fueron

VERBOS QUE CAMBIAN LA RAÍZ

andar - anduve	poder - pude	estar - estuve
hacer - hice / hizo	poner - puse	querer - quise
saber - supe	tener - tuve	venir - vine
conducir - conduje	decir - dije	traer - traje

Cambios vocálicos en 3ª persona singular y plural
$e \rightarrow i$: pedir - pidió / pidieron
$o \rightarrow u$: dormir - durmió / durmieron, morir - murió / murieron

Cambios ortográficos en 1ª persona
$c \rightarrow q$: atacar - ataqué
$z \rightarrow c$: cazar - cacé
$g \rightarrow gu$: llegar - llegué

Audio **23**

D. Escucha la leyenda completa y comprueba tu final.

ACTIVIDAD 4

A. Además del arte, los musulmanes dejaron en España otras huellas. Una de las más importantes fue en el idioma, con más de 4000 palabras de origen árabe. Une las imágenes con las palabras de la nube.

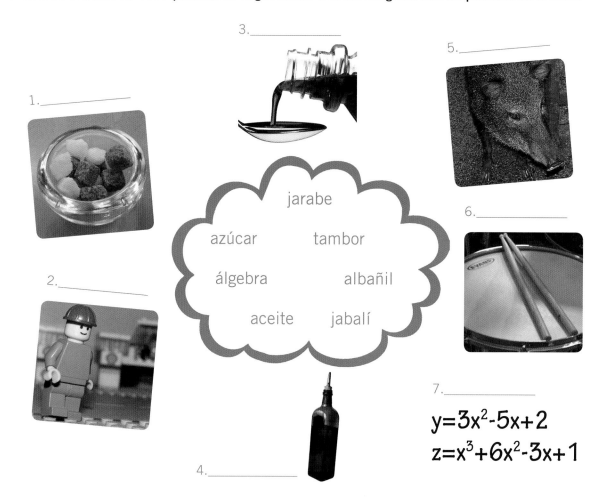

3._____

5._____

1._____

jarabe

azúcar   tambor

álgebra   albañil

aceite   jabalí

6._____

2._____

7._____

$$y=3x^2-5x+2$$
$$z=x^3+6x^2-3x+1$$

4._____

B. ¿Conoces más palabras de origen árabe? Busca dos palabras españolas fáciles de origen árabe y represéntalas en clase. Puedes hacer mimo, teatro, dibujos, etc. Tus compañeros tienen que adivinarla.

Aquí tienes como ejemplo alguna de estas palabras: almohada, almacén, berenjena...

C. En tu idioma, ¿también hay palabras que vienen del árabe? ¿Y de otra lengua?

PARA SABER MÁS
Palabras de origen
árabe en español

ACTIVIDAD 5

A. Los musulmanes de al-Ándalus avanzaron mucho en diferentes ciencias. Aquí tienes las principales aportaciones a la ciencia y a la tecnología en infinitivo. Conviértelas en pasado.

1. Perfeccionar la técnica de fabricación del papel e introducirla en Europa.

4. Construir las primeras alas e intentar volar.

2. Inventar nuevos sistemas de riego[10] y técnicas de trabajo en el campo.

5. Introducir la noria[11] en España.

3. Perfeccionar el astrolabio y la brújula[12] para los viajes marítimos.

6. Crear los primeros "robots" autómatas.

ACTIVIDAD 6: ¿TE LO SABES?

HE APRENDIDO	LO QUE + ME HA GUSTADO
TENGO QUE REPASAR	LO QUE - ME HA GUSTADO

UNIDAD **7**

Culturas precolombinas

PARA SABER MÁS

Los aztecas

Los mayas

Los incas

ACTIVIDAD 1

A. **Lee los textos y después pinta en el mapa con diferentes colores la parte que ocupaba cada civilización: AZTECA, INCA Y MAYA.**

AZTECAS

Mi nombre es Cuauhtémoc y significa 'águila'. Soy descendiente de los aztecas. Antiguamente éramos una civilización muy grande, nuestro dios más importante era Quetzalcóatl, representado por una serpiente de plumas. Nuestro imperio se extendía[1] por el actual México, y también por un poquito de Guatemala. Una de nuestras ciudades más grandes era Tenochtitlán, la ciudad de México. Esta ciudad era muy hermosa y estaba construida sobre una laguna con enormes pirámides y templos.

Teníamos un rey y había varias clases sociales: nobles, sacerdotes, guerreros, comerciantes, agricultores y esclavos. La religión era muy importante y hablábamos el náhuatl. Nuestra historia, como civilización, termina con la llegada de los españoles en 1521. Audio **24**

MAYAS

Me llamo Itzel, soy una indígena[2] maya. Pertenezco a una de las civilizaciones precolombinas más importantes y antiguas de América. Nuestros primeros antepasados[3] tenían cerca de 4000 años. Nuestra cultura llegaba desde el sur de México hasta lo que hoy es Honduras. Creíamos en el dios Hunab Kú, creador del mundo y del hombre a partir del maíz[4].

Hoy todavía puedes visitar algunas de nuestras ciudades, como Palenque y Tulum en México, Tikal en Guatemala, y Copán en Honduras. Construíamos altísimas pirámides para enterrar a nuestros muertos, junto al mar y dentro de la selva, y también templos enormes en honor a nuestros dioses. Los reyes eran las personas con más poder. Nuestro conocimiento científico y astronómico es conocido en todo el mundo. Todavía hoy hay cerca de seis millones de mayas en América. Audio **25**

INCAS

Yo soy Yupanqui. Tengo este nombre porque así se llamaba un importante rey de mi civilización. Él convierte nuestro pueblo en un gran imperio en el siglo XV. Éramos la cultura precolombina más importante de América del Sur. Nuestro territorio[5] iba desde el océano Pacífico hasta la selva del Amazonas. Era el lugar en el que hoy están Perú, Argentina, Bolivia, Chile, Colombia y Ecuador. Nuestro idioma es el quechua. En Cusco y sus alrededores[6] estaban nuestros principales lugares sagrados. El más importante era Machu Picchu, que quiere decir 'montaña vieja'. Nuestra civilización desaparece con la llegada de Francisco Pizarro a Perú, en 1530. Hay muchos mitos y leyendas sobre nuestras costumbres y nuestro origen. Audio **26**

B. **¿A quién corresponde esta información? Puede ser más de una civilización.**

1. Su capital estaba dentro de un lago: _____
2. El maíz era muy importante para ellos: _____
3. Machu Picchu era su lugar sagrado: _____
4. En esta sociedad gobernaba un rey: _____

5. Eran muy buenos en astronomía: _____
6. Hablaban quechua: _____
7. Era la cultura precolombina más importante: _____
8. Su lengua era el náhuatl: _____

ACTIVIDAD 2

A. **Completa la siguiente tabla con los verbos de los textos. ¿Conoces el otro tiempo verbal? ¿Cuál es?**

VERBOS EN PRESENTE	OTROS TIEMPOS

B. **¿Imaginas cómo eran los colegios aztecas? Aquí tienes algunos aspectos importantes en un colegio. Añade algunos más junto a tu compañero.**

las aulas
las materias
los profesores
los recreos

clases mixtas
los niños
los horarios
....

C. **Utiliza estos marcadores temporales y las características anteriores para describir cómo crees que eran la educación y los colegios aztecas.**

> antes…
> en la época de los aztecas…
> siempre
> en aquella época / en esa época…

AYUDA

PRETÉTIRO IMPERFECTO
Se utiliza para hablar en pasado de las acciones habituales y para describir personas y cosas.

FORMA REGULAR

HABLAR	COMER	VIVIR
habl-aba	com-ía	viv-ía
habl-abas	com-ías	viv-ías
habl-aba	com-ía	viv-ía
habl-ábamos	com-íamos	viv-íamos
habl-abais	com-íais	viv-íais
habl-aban	com-ían	viv-ían

FORMA IRREGULAR
SER: era, eras, era, éramos, erais, eran
IR: iba, ibas, iba, íbamos, ibais, iban
VER: veía, veías, veía, veíamos, veíais, veían

ACTIVIDAD 3

A. **Vamos a crear nuestro propio calendario maya "moderno" en papel. Aquí tienes la lista de materiales. Colócalos en las instrucciones. Hay un material que se utiliza dos veces.**

LISTA
1 madera en forma de círculo de 35 centímetros de diámetro
4 cartulinas de 3 colores (claros) diferentes
1 chincheta
lapicero y goma
compás
tijeras
pinturas

INSTRUCCIONES
1º. Dibujad con el .... en las cuatro .... cuatro círculos de 30, 20, 15 y 10 centímetros.
2º. Cortad los círculos con las ....
3º. Escribid los próximos 25 años alrededor del círculo grande (30 centímetros), los 12 meses del año con los días que tiene cada mes alrededor del siguiente círculo (20 centímetros), los números del 1 al 31 en el tercer círculo (15 cm) y los 7 días de la semana en el último círculo.
4º. Decorad a vuestro gusto con las ....
5º. Colocad las .... sobre la madera por orden de mayor a menor.
6º. Fijad los círculos a la madera con la ....
7º. Dibujad una flecha con el .... en la madera.
8º. Moved los círculos correspondientes con el paso de los días.

AYUDA

IMPERATIVO REGULAR

	HABLAR	**COMER**	**VIVIR**
tú	habla	come	vive
vosotros	hablad	comed	vivid

FORMAS IRREGULARES PARA LA FORMA *TÚ*
HACER - haz   PONER - pon   SALIR - sal
VENIR - ven   DECIR - di   TENER - ten

FORMAS IRREGULARES PARA LAS FORMAS *TÚ* Y *VOSOTROS*
SER - sé, sed   IR - ve, id

B. **Con la ayuda del cuadro, explícale las instrucciones a un amigo.**

ACTIVIDAD 4

A. **¡Vamos a jugar! Diviértete con** *El camino del inca.*

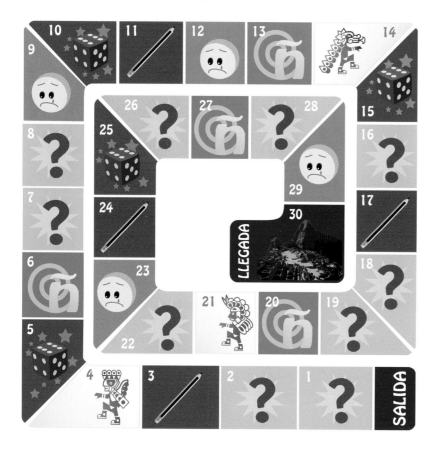

INSTRUCCIONES: ¿CÓMO JUGAR?

1º. Dividid la clase en cuatro grupos.
2º. Elegid un nombre y un color para cada grupo.
3º. Inventad un grito de guerra de grupo.
4º. Tirad el dado.
5º. Moved la ficha.
6º. Seguid las instrucciones en cada casilla.
7º. La clase decide si está bien o no.

¡Buen trabajo! = 1 punto
¡No nos convence! = 0 puntos

¿QUÉ NECESITÁIS?
- Un dado
- El tablero
- Las instrucciones
- Cuatro fichas
- ¡Ganas de divertirte!

¡CADA CASILLA TIENE SU VALOR!

Casilla 1 ¿Cómo eras cuando tenías seis años?
Casilla 2 ¿Cómo es tu casa?
Casilla 3 Da instrucciones para abrir una cuenta en Facebook.
Casilla 4 ¿Cómo era la vida de los mayas?
Casillas 5, 10, 15 y 25 ¡Tira otra vez!
Casilla 6 Canta la canción en español que más te gusta.
Casilla 7 ¿Qué hay en tu habitación?
Casilla 8 ¿Cómo era tu ciudad hace cinco años?
Casillas 9 y 29 Vuelve a la salida.
Casilla 11 Da instrucciones para jugar a la videoconsola.
Casillas 12 y 23 Pierde un turno.
Casilla 13 Piensa la palabra española que más te gusta. Haz mímica y la clase tiene que descubrirla.
Casilla 14 ¿Cómo era la vida de los aztecas?
Casilla 16 ¿Qué haces en tu tiempo libre?

Casilla 17 Da instrucciones para aprobar un examen de español.
Casilla 18 ¿Cómo era tu primera casa?
Casilla 19 ¿Cómo eres ahora?
Casilla 20 ¿Sabes algún chiste en español? Cuenta un chiste y haz reír a la clase.
Casilla 21 ¿Cómo era la vida de los incas?
Casilla 22 ¿Qué hacías en tu tiempo libre cuando tenías ocho años?
Casilla 24 Da instrucciones para comerte una hamburguesa.
Casilla 26 ¿Qué había en tu habitación?
Casilla 27 Recita el trabalenguas *Pablito clavó un clavito en la calva de un calvito. En la calva de un calvito, un clavito clavó Pablito.*
Casilla 28 ¿Cómo es tu casa?
Casilla 30 Llegada

HISTORIAS Y LEYENDAS   CUARENTA Y NUEVE   **49**

ACTIVIDAD 5

A. Lee estas afirmaciones sobre los mayas. ¿Crees que son verdaderas o falsas?

Códice Trocortesiano (cultura maya)

	V	F
1. El Imperio maya era un imperio muy unido y con una lengua común.		
2. Comían mucho maíz, era un alimento muy importante.		
3. Vivían en grandes ciudades.		
4. El huipil era un plato típico de los mayas.		
5. Tenían un calendario y un sistema de escritura muy avanzados.		
6. No les gustaba el arte.		
7. Jugaban al fútbol.		

Audio 27

B. Escucha ahora la grabación y comprueba tus respuestas con el compañero y el profesor.

C. Escúchalo otra vez e intenta cambiar las afirmaciones falsas por verdaderas.

1. _____   4. _____
2. _____   5. _____
3. _____

D. ¿Qué es lo que más te sorprende? ¿Sabes más cosas de los mayas? Busca información en internet y completa la descripción.

> **PARA SABER MÁS**
> La cultura maya

ACTIVIDAD 6: ¿TE LO SABES?

HE APRENDIDO	LO QUE + ME HA GUSTADO
TENGO QUE REPASAR	LO QUE - ME HA GUSTADO

UNIDAD **8**
Animales
¡SOS!

1._____

2._____

3._____

4._____

5._____

ACTIVIDAD 1

 A. **Lee las presentaciones de estos dos animales y señala cuál es la fotografía que les corresponde.**

EL LINCE IBÉRICO

Soy un lince¹ ibérico. Estoy bastante triste porque soy uno de los animales más amenazados de este planeta. Parece que nuestra especie va a desaparecer. Pertenezco a la familia de los felinos y soy mamífero. Me puedes diferenciar fácilmente por mi cola² corta, mis orejas acabadas en punta³ y mi cara con "patillas⁴". Además, tengo el pelo largo, entre marrón claro y amarillo con manchas negras.

Me alimento sobre todo de conejos, pero no soy malo. El delfín come peces, la vaca come hierba, y yo tengo que comer carne porque soy un animal carnívoro. En la naturaleza todos tenemos nuestra función. Piensa que los conejos se comen las plantas y ponen en peligro los bosques y praderas⁵. Todo en la naturaleza necesita estar en equilibrio⁶. Me gusta vivir solo porque así cazo mejor.

Vivo en la península ibérica, sobre todo en Sierra Morena y Doñana, en Andalucía. La gente que nos estudia dice que somos unos 300 linces. Algunos viven en centros de cría en cautividad⁷. Los linces que nacen en estos centros se dejan en libertad cuando se hacen adultos. Además, ahora está prohibido cazarnos. Me anima⁸ saber que nos están ayudando para no desaparecer. Sin embargo, aún tenemos algunos peligros, como la pérdida de hábitat por causa del hombre, la falta de alimento y los atropellos⁹. Audio 28

Imagen: ___

EL TAPIR

Yo soy un tapir. Soy mamífero y hace mucho tiempo que vivo en la Tierra. Tengo muchos primos lejanos como por ejemplo el caballo y el rinoceronte, y de toda la familia yo soy el más pequeño. En los últimos tiempos he perdido a muchos de mis hermanos y cada vez somos menos. Estamos asustados porque estamos en peligro de extinción. No somos muy altos ni muy grandes. Tenemos la cola corta, las orejas pequeñas y la cara alargada¹⁰ para poder buscar la comida en el fondo de los lagos. Cuando somos pequeños tenemos el pelo negro con manchas blancas, pero cuando nos hacemos mayores tenemos el pelo oscuro y corto.

Soy herbívoro y me alimento de plantas de todo tipo. ¡Las que más me gustan son las que están en el fondo¹¹ del río! ¡Mmmmm! Me gusta vivir solo y dormir mucho por las noches. También me encanta el agua y paso mucho tiempo en el río. Sé nadar muy bien y buceo¹² en los lagos y ríos buscando comida.

Mi casa está en las zonas con agua de las selvas¹³ de Sudamérica. Tengo familiares en muchos países: Ecuador, Argentina, Colombia, Perú, etc. Nuestro mayor enemigo natural es el jaguar y la anaconda, pero actualmente tenemos problemas con los seres humanos porque nos cazan ilegalmente y destruyen nuestro hábitat. Audio 29

Imagen: ___

B. **Pon una *x* en la columna correspondiente.**

	LINCE	TAPIR
1. Es mamífero		
2. Es carnívoro		
3. Es solitario		
4. Vive en muchos países		
5. Está en peligro de extinción		
6. Tiene la cola corta		
7. Tiene la cara alargada		
8. Tiene el pelo largo y claro		
9. Está triste		
10. El hombre es uno de sus mayores enemigos		

C. **Estos son los nombres de los otros tres animales protegidos por la organización WWF. ¿Puedes unirlos con las imágenes anteriores?**

OSO PARDO: _____

TORTUGA: _____

LOBO: _____

PARA SABER MÁS
WWF - Protección
de especies

ACTIVIDAD 2

A. **Elige uno de los tres animales anteriores. Mira su fotografía y completa las siguientes tablas:**

CARA	
Orejas	
Boca	
Ojos	
Nariz	

CUERPO	
Color	
Forma	
Patas	
Cola	
Pelo	

B. **Busca en internet información del animal que has elegido y responde a las siguientes preguntas:**

1. ¿Es carnívoro, herbívoro u omnívoro? ¿Es mamífero?
2. ¿Dónde vive?
3. ¿Cuáles son sus costumbres?
4. ¿Y los mayores enemigos que tiene?

C. **Escribe un texto parecido a los del lince y el tapir sobre el animal seleccionado.**

DESCRIPCIONES
SER: *Es* *un animal muy grande y de color gris.*
TENER: *Tiene* *las orejas de punta y la cabeza pequeña.*
VIVIR: *Los linces* *viven* *en la península ibérica.*

PARA SABER MÁS
Animales en peligro de extinción

Animales en peligro de extinción en España

ACTIVIDAD 3

Audio 30

A. **Escucha a este especialista en protección de animales y responde a las preguntas.**

1. ¿De qué hablan?
2. ¿Cuántas especies están en peligro de extinción?
3. ¿Qué animales se mencionan en la grabación?
4. ¿Qué es un centro de conservación?

B. **Escúchalo otra vez y toma nota de las causas más habituales de extinción de los animales que mencionan en la grabación.**

C. **Utiliza el conector** *porque* **para formar oraciones siguiendo el ejemplo.**

Ejemplo: Los hombres son peligrosos para los animales porque destruyen su hábitat.

ACTIVIDAD 4

A. Busca en los textos de la *actividad 1* los estados de ánimo del tapir y del lince. ¿Cómo están?

ESTADOS DE ÁNIMO

ESTAR + ADJETIVO (cansado, enfadado, triste…)
Estoy muy alegre en primavera.

TENER + NOMBRE (miedo, hambre, sed, frío…)
Tengo mucho calor en verano.

LINCE: _____   TAPIR: _____

B. Trata de unir los diseños con los estados de ánimo correspondientes. Corrígelo con tu compañero.

| estar triste | estar contento | estar nervioso | estar enfadado | estar preocupado |
| tener hambre | tener sed | tener miedo | tener frío | tener calor |

1. _____   2. _____   3. _____   4. _____   5. _____

6. _____   7. _____   8. _____   9. _____   10. _____

C. Elige seis estados de ánimo e inventa una situación para utilizarlos.

*Ejemplo: Roberto está muy **triste** porque el Real Madrid ha perdido muchos partidos este año.*

_____   _____
_____   _____
_____   _____

ACTIVIDAD 5

 A. ¿Sabes cómo se llaman estos animales? Cada uno de ellos representa una cualidad en español. Une cada animal con su imagen y con el adjetivo que le corresponde. Corrígelo con tu compañero.

ANIMAL	IMAGEN	ADJETIVO
1. rata		
2. vaca		
3. burro		
4. cerdo		
5. lince		
6. cabra		
7. gallina		

a.   b.   c.   d.   e.   f.   g.

TACAÑO/A   LISTO/A   SUCIO/A   COBARDE   TONTO/A   GORDO/A   LOCO/A

B. **En español hay muchas expresiones con animales. Aquí tienes las expresiones formadas con estos animales y los verbos *ser* y *estar*. Colócalas en las situaciones adecuadas.**

a. Ser un/a rata

b. Estar como una vaca

c. Ser un/a burro/a

d. Ser un/a cerdo/a

e. Ser un lince

f. Estar como una cabra

g. Ser un/a gallina

1. A mi hermana le da miedo todo, _____ .
2. Juan _____ , nunca limpia la habitación ni recoge la mesa.
3. El novio de mi hermana _____ , hace y dice cosas totalmente ilógicas.
4. Javi nunca saca la cartera para pagar, ¡ _____ !
5. Este hombre _____ , no sabe leer ni quiere aprender.
6. Gloria come y come todo el día, _____ .
7. Mi jefe sabe reaccionar en todas las situaciones, _____ .

ACTIVIDAD 6: ¿TE LO SABES?

HE APRENDIDO	LO QUE + ME HA GUSTADO
TENGO QUE REPASAR	LO QUE - ME HA GUSTADO

UNIDAD **9**
Paraísos
naturales

1

2

PATAGONIA IMAGEN: __

La Patagonia es una zona que está en el sur de Chile y Argentina. Es un lugar con un clima muy especial y su naturaleza es única. Los animales característicos de esta zona son los pingüinos, los elefantes marinos y las ballenas.

Los inviernos aquí son muy largos y muy fríos. Algunas veces nieva. Hay grandes llanuras y mucha diferencia de temperatura entre el día y la noche. En el sur el clima es glacial y la temperatura baja hasta los -30° C. En la Patagonia hay muchos ríos, lagos, montañas y glaciares. Aquí vive la mayor colonia de pingüinos del mundo. El glaciar Perito Moreno es un lugar muy visitado por los turistas. Audio **31**

3

LA PUNA Y EL ALTIPLANO DE LOS ANDES CENTRALES IMAGEN: __

La cordillera de los Andes atraviesa Sudamérica de norte a sur. La Puna es una zona que está entre Bolivia, Chile, Perú y Argentina; es una gran meseta que llega a tener más de 3600 metros de altura. Como es muy extensa tiene diferentes paisajes. Hay lagos, montañas y ríos en la parte norte, y desiertos en la parte sur. Su parte central se llama Altiplano. El clima también cambia mucho: llueve en la parte húmeda del norte y hay zonas en el sur donde nunca llueve. En la Puna hace frío y hay grandes diferencias de temperatura entre el día y la noche. En el mismo día, la temperatura puede ir desde los 30° C hasta los -5° C. Hay muchos animales que viven en esta zona: las llamas, las vicuñas, el puma andino y el cóndor. En el Altiplano chileno está la zona más seca de todo el planeta: el desierto de Atacama. En algunas zonas no llueve desde hace más de 400 años, y hace mucho calor. Audio **32**

4

AMAZONIA IMAGEN: __

La Amazonia es una gran región que está en la parte central de América del Sur entre los países de Brasil, Perú, Colombia, Bolivia, Ecuador y Venezuela, entre otros. La Amazonia es toda la selva tropical que rodea el río Amazonas. Es el bosque tropical más extenso del mundo, más de seis millones de kilómetros cuadrados. En esta zona llueve mucho y por eso hay tantos ríos. De todos ellos, el más grande y el más largo es el río Amazonas. Este río es el que tiene más cantidad de agua del mundo. Es una zona muy húmeda y muchas veces hay niebla. Hay también muchos árboles y plantas de diferentes tipos, la Amazonia tiene una vegetación muy abundante y es conocida en el mundo como el "pulmón del planeta". También hay muchos animales: muchas especies de monos y aves; animales exóticos, como el tapir, y otros peligrosos, como el jaguar, el puma, el cocodrilo y el caimán. Audio ③

CARIBE - COZUMEL IMAGEN: __

Cozumel es una isla que está en el mar Caribe, en México, a 18 km de la península de Yucatán. Normalmente hace calor y hay muchas tormentas. Todos los años hay dos épocas muy diferenciadas: la época seca y la época de lluvias. Pero la temperatura media supera los 18º C.

En la isla hay muchas playas, y en las zonas cercanas de la costa hay manglares: grupos de árboles que viven en agua semisalada. Los manglares son lugares geniales para descubrir muchos tipos diferentes de aves. Las garzas y los flamencos son las aves más elegantes de estos lugares.

En esta zona también hay muchas tortugas. Las tortugas hacen un largo camino por el océano para encontrar un lugar donde poner sus huevos. Todas las noches de agosto se puede ver a las tortugas salir del agua y caminar despacio por la playa. Allí ponen cientos de huevos.

Cozumel es también un paraíso para los aficionados al submarinismo o el *snorkel*. El fondo marino del Caribe es espectacular porque tiene muchos tipos de peces y de corales de colores. Audio ③

ACTIVIDAD 1

 A. **Lee los textos y únelos con la imagen correspondiente.**

B. **Coloca el nombre de cada región en su recuadro del mapa.**

C. Completa la tabla.

REGIÓN	¿DÓNDE ESTÁ?	¿QUÉ HAY?	CLIMA	SERES VIVIOS
Patagonia				
Puna				
Amazonia				
Cozumel				

ACTIVIDAD 2

A. Busca en los textos las formas verbales que se utilizan para:

LOCALIZAR:
EXPRESAR EXISTENCIA:
DESCRIBIR:

B. Piensa en un lugar que te gusta mucho y completa la siguiente información:

¿DÓNDE ESTÁ?
¿QUÉ HAY?
¿CÓMO ES? (Clima, tamaño, etc.)

 C. Escribe una pequeña descripción de este lugar siguiendo los modelos de la actividad 1.

LOCALIZACIÓN
Verbo *estar* + puntos cardinales
España *está en el* sur de Europa.
España *está al* sur de Francia.

N-Norte
S-Sur
E-Este
O-Oeste

D. Haz un cartel de tu lugar y cuélgalo en la clase.

ACTIVIDAD 3

A. Busca en los textos de la actividad 1 la información que corresponde a estas imágenes.

1. _____ 2. _____ 3. _____ 4. _____ 5. _____

6. _____ 7. _____ 8. _____ 9. _____ 10. _____

B. Mira este mapa, localiza las siguientes ciudades y explica qué tiempo hace en ellas.

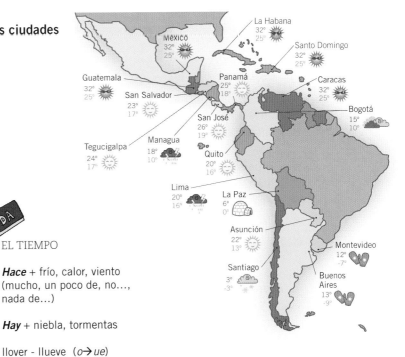

MANAGUA
¿Dónde está?
¿Qué tiempo hace?

SAN SALVADOR
¿Dónde está?
¿Qué tiempo hace?

SANTIAGO
¿Dónde está?
¿Qué tiempo hace?

ASUNCIÓN
¿Dónde está?
¿Qué tiempo hace?

SANTO DOMINGO
¿Dónde está?
¿Qué tiempo hace?

AYUDA

EL TIEMPO

Hace + frío, calor, viento
(mucho, un poco de, no...,
nada de...)

Hay + niebla, tormentas

llover - llueve (o→ue)
nevar - nieva (e→ie)

C. Elige otras tres ciudades y pregúntale a tu compañero dónde están y cómo es su clima.

ACTIVIDAD 4

 Audio 35

A. Escucha esta publicidad de un país de Hispanoamérica. Mira el mapa de la actividad anterior y piensa qué país es y por qué.

 B. Escúchala otra vez y completa la ficha. Después compárala con tu compañero.

ESTACIÓN DEL AÑO	TIEMPO	ACTIVIDADES	DÓNDE
invierno			
primavera			
verano			
otoño			

ACTIVIDAD 5

 A. Vamos a escribir un pequeño anuncio publicitario para la radio sobre tu país. Piensa estas preguntas y coméntalas con tu compañero.

1. ¿Tu país recibe mucho turismo?
2. ¿Cuáles son los puntos más turísticos de tu país?
3. ¿Tenéis monumentos importantes?
4. ¿Qué tiempo hace en cada estación?
5. ¿Qué actividades se pueden hacer?

 B. Ahora escribe un pequeño guion de tu anuncio con las ideas principales.

ESQUEMA
1ª idea:
2ª idea:
3ª idea:
4ª idea:
5ª idea:

C. Escribe el anuncio siguiendo el modelo de la audición.

 D. Entra en el audioforo que ha creado tu profesor y deja tu mensaje publicitario.

PARA SABER MÁS
Audioforos

ACTIVIDAD 6: ¿TE LO SABES?

HE APRENDIDO	LO QUE + ME HA GUSTADO
TENGO QUE REPASAR	LO QUE - ME HA GUSTADO

UNIDAD ⑩
Las "buenas" energías

1._____

2._____

3._____

4._____

5._____

6._____

ACTIVIDAD 1

A. **Aquí tienes diferentes fuentes de energía. Relaciona cada imagen con una palabra del recuadro.**

CARBÓN	VIENTO	PETRÓLEO
GAS	AGUA	SOL

B. Coloca cada fuente de energía en el saco correspondiente.

ENERGÍAS
RENOVABLES

ENERGÍAS NO
RENOVABLES

C. ¿Conoces más energías?
¡Llena los sacos!

ACTIVIDAD 2

 A. Lee el texto, marca las palabras que no entiendes y pregúntale a tu compañero.

LA FUERZA DE EOLO

Cuenta la leyenda en la mitología griega que el dios Zeus le da a Eolo el poder de controlar los vientos. Así, Eolo se convierte en el responsable de las tormentas y las tempestades[1], y también de la utilización del viento como fuente de energía. Por eso llamamos energía eólica a la energía producida por el viento.

Desde hace miles de años, el hombre usa esta energía para navegar por el mar con barcos de vela[2] y para mover molinos[3] que producen harina[4] o que llevan el agua de lluvia hasta el mar en lugares muy llanos, como en Holanda.

En el siglo xx los molinos de viento se empiezan a utilizar para producir energía eléctrica.
La energía eólica tiene muchas ventajas: el viento es gratis y, además, es una energía limpia porque no hace falta quemar petróleo ni gas natural, y tampoco hay que exponerse[5] a los peligros de la energía nuclear. La única desventaja es que dependemos del viento. Si no hay viento suficiente, el molino se para. Audio 36

SABÍAS QUE...

Con las últimas tecnologías cada molino de viento o aerogenerador está produciendo entre 4 y 6 MW (megavatios). Un solo molino está dando luz y electricidad a más de 300 hogares.

En los Países Bajos los molinos de viento se utilizan para llevar el agua de lluvia hasta el mar desde el siglo xii.

España es el cuarto país del mundo y el segundo de Europa por potencia eólica instalada. Además, España está investigando y creando muchas industrias para obtener energía a través del viento.

B. ¿Cuáles son las ventajas de la energía eólica? ¿Cuáles son las desventajas?

VENTAJAS: _____

DESVENTAJAS: _____

ACTIVIDAD 3

Audio ㊲

A. Escucha este *podcast* y responde a las siguientes preguntas:

1. ¿De qué hablan?
2. ¿Qué países se mencionan en la audición?
3. ¿Qué energías se mencionan en la audición?

B. Escúchalo otra vez y anota qué están haciendo y qué van a hacer en España en este campo.

AYUDA

EXPRESAR ACCIONES EN CURSO

ESTAR + GERUNDIO

estoy			
estás	−ar	+	−ando (hablando)
está	+ −er	+	−iendo (corriendo)
estamos	−ir	+	−iendo (viviendo)
estáis			
están			

AYUDA

EXPRESAR PLANES

IR + A + INFINITIVO

voy			
vas		+	−ar (hablar)
va	+ a	+	−er (correr)
vamos		+	−ir (vivir)
vais			
van			

¿QUÉ ESTÁN HACIENDO?

_____

_____

_____

¿QUÉ PLANES TIENEN?

_____

_____

_____

ACTIVIDAD 4

A. Con estas acciones gastamos energía. ¿Con qué frecuencia haces estas acciones? Utiliza las expresiones de frecuencia del cuadro de ayuda.

FRECUENCIA
siempre
todos los días
a menudo
a veces
una vez / dos, tres… veces a la semana / al año / al mes
nunca

encender la radio, la tele, la videoconsola…

encender el ordenador

subir en el coche, el tren, el autobús…

usar el microondas

ducharse con agua caliente

subir en una atracción

B. Habla con tu compañero y haced una lista de cosas que vais a hacer para ahorrar energía.

Ejemplo 1: No vamos a jugar todos los días con la videoconsola.
Ejemplo 2: Vamos a ir al instituto en bicicleta.

ACTIVIDAD 5

A. ¿Conoces a estos personajes? ¿Qué sabes de ellos?

PARA SABER MÁS
Mapa interactivo de energías renovables

B. **Aquí tienes una de sus aventuras. Léela y ordena las viñetas.**

DON QUIJOTE DE LA MANCHA Y LA AVENTURA DE LOS MOLINOS DE VIENTO

Cuando Miguel de Cervantes escribe el *Quijote*, la Mancha está llena de molinos. Don Quijote confunde a los molinos con gigantes y se enfrenta con ellos en una de las aventuras más famosas del libro. Aquí tienes el famoso fragmento del capítulo VIII adaptado.

Don Quijote y Sancho van caminando por la Mancha y ven treinta o cuarenta molinos de viento que hay en el campo; y don Quijote le dice a Sancho:

–¿Ves allí, amigo Sancho Panza? Hay treinta o más gigantes⁵ con quienes pienso hacer batalla y quitarles a todos la vida.

–¿Qué gigantes? –dice Sancho Panza.

–Aquellos que allí ves con los brazos largos.

–Mire, vuestra merced –responde Sancho– que aquellos no son gigantes, sino molinos de viento, y lo que parecen brazos son las aspas⁷, que, movidas por el viento, hacen andar la piedra del molino.

Pero don Quijote no atiende a las voces que Sancho le da diciéndole que son molinos de viento, y no gigantes y se va con su caballo hacia ellos diciendo:

–No huyáis⁸, cobardes.

Con el viento las grandes aspas se empiezan a mover y don Quijote dice:

–Pues, aunque mováis más brazos que los del gigante Briareo, voy a acabar con vosotros.

Y diciendo esto se va hacia el primer molino y le da una lanzada⁹ en el aspa. Pero el viento la devuelve¹⁰ con tanta fuerza que rompe la lanza, llevándose al caballo y al caballero, que cae rodando¹¹ por el campo. Audio 38

C. Cuéntale la historia de los molinos a un amigo tuyo. Resume la aventura utilizando algunos de los marcadores y los verbos en presente.

MARCADORES
siempre
luego
después
por último
porque
pero
y
también

VERBOS
caminar
hablar
ver
atacar
montar a caballo
parar

PARA SABER MÁS
Don Quijote:
serie de animación

ACTIVIDAD 6: ¿TE LO SABES?

HE APRENDIDO	LO QUE + ME HA GUSTADO
TENGO QUE REPASAR	LO QUE - ME HA GUSTADO

UNIDAD ⑪
Deportes extremos

PARA SABER MÁS
Skateboarding downhill

Ironman

1. ¿Te gusta hacer deporte?
2. ¿Qué deportes practicas más?
3. ¿Cuál es tu deportista favorito? ¿Por qué?
4. ¿Cuáles son las cualidades de un buen deportista?

ACTIVIDAD 1

 A. Lee los textos. ¿Conoces estos deportes? Señala el vocabulario que no comprendes.

En la actualidad en España están muy de moda los deportes tradicionales como el fútbol, el baloncesto o el balonmano porque tienen mucho éxito en todo el mundo. Pero también están de moda los que son "menos tradicionales". Tenemos grandes deportistas que trabajan mucho para llegar muy lejos. Aquí tenemos dos ejemplos.

El *skateboarding* es un deporte con muchas variantes. Una de las más importantes es el *longboarding* que también tiene algunas especialidades, como el *downhill*, la especialidad que yo practico. Esta especialidad consiste en el descenso¹ en *skate* o monopatín a alta velocidad por carreteras técnicas.

Estudio arquitectura en San Diego y mi día comienza pronto. Me levanto normalmente a las ocho menos cuarto de la mañana, me ducho, me visto y desayuno a las ocho en punto². Después salgo de casa a las ocho y media porque las clases empiezan a las nueve y media. Vuelvo a casa sobre la una y media. Como a las dos y después descanso y estudio un poco. Por la tarde, sobre las cinco voy al gimnasio y después llamo a mis amigos para salir y patinar juntos. Ceno a las nueve de la noche y después leo algún libro, reviso el *e-mail*, etc. Me acuesto sobre las once y me duermo media hora más tarde. Voy casi todo el día en el *skate*: lo uso para desplazarme³ de un lugar a otro; es muy cómodo y, además, así practico ☺.

Entreno⁴ dos o tres días a la semana porque la universidad me quita mucho tiempo. Sé que la educación tiene que ser lo primero. Patinar me encanta, pero sé que mi futuro son los estudios. Los fines de semana me gusta hacer planes con otros *skaters*, cogemos el coche y nos vamos a algún *spot*. Un *spot* es un lugar donde podemos hacer *downhill* o surfear un rato. Y si tengo un fin de semana más largo, me gusta ir lejos a patinar, me encanta viajar y, gracias al patín, conozco muchos lugares increíbles. **Audio** ㊴

El triatlón es un deporte compuesto de tres disciplinas que consiste en nadar, montar en bici y correr. Las pruebas⁵ se desarrollan en ese orden y sin pausas. La modalidad de triatlón que yo practico se llama *ironman*, modalidad que consta de 3800 m de natación, 180 km de bicicleta y la maratón, 42,195 km a pie.

Entreno todos los días por la mañana y por la tarde, pero la disciplina⁶ que trabajo en cada sesión varía. Un día normal en mi vida comienza pronto. Me levanto sobre las siete de la mañana y a veces hago una sesión de entrenamiento a las siete y cuarto, antes de desayunar. Después, a las nueve menos cuarto, me ducho y me visto, y desayuno a las nueve en punto. Salgo de casa para entrenar otra vez a las diez. Esta es la sesión principal de entrenamiento de la mañana; después vuelvo a casa a la una. Sobre la una y media como y luego hago un descanso (a veces duermo una siesta). Sobre las cuatro en punto comienzo la sesión de entrenamiento de la tarde. Termino de entrenar a las siete y media, me ducho y descanso. Ceno pronto, sobre las nueve de la noche, y después veo un rato la tele, escucho música o leo algún libro. Me acuesto a las once de la noche y me duermo en cinco minutos.

Para mí no hay fines de semana. Solo existen tres tipos de día: días de carga, con entrenamiento por la mañana y por la tarde; días de descarga, con entrenamiento más suave, y algunos días de descanso total. **Audio** ㊵

B. **Responde a estas preguntas.**

1. ¿Qué deporte practica cada uno?
SONSOLES: _____
CLEMENTE: _____

2. ¿Qué disciplinas hay en el triatlón?
_____

3. ¿Cuál es el medio de transporte preferido por Sonsoles?
_____

4. ¿Qué hacen de lunes a viernes en su tiempo libre?
SONSOLES: _____
CLEMENTE: _____

5. ¿Cuántos días a la semana entrenan?
SONSOLES: _____
CLEMENTE: _____

6. ¿Qué hacen los fines de semana?
SONSOLES: _____
CLEMENTE: _____

LA HORA

¿Qué hora es?
- Son las cuatro en punto / y cuarto / y veinticinco / y media / menos cuarto / menos veinte
- Es la una en punto / y cuarto / y diez / y media / menos veinticinco / menos cinco

¿A qué hora te levantas?
Me levanto a las siete y media / a la una y cuarto

ACTIVIDAD 2

A. **¿A qué hora hacen Clemente y Sonsoles estas cosas?**

	CLEMENTE	SONSOLES	TÚ	TU COMPAÑERO
levantarse				
ducharse				
vestirse				
desayunar				
salir de casa				
volver a casa				
comer				
cenar				
acostarse				
dormirse				

B. Tú y tu compañero, ¿a qué hora hacéis estas cosas? Pregunta a tu compañero y toma nota.

Ejemplo:
–¿A qué hora te levantas?
–Me levanto a las siete y media. ¿Y tú?

AYUDA

VERBOS PRONOMINALES

En las formas personales el pronombre está delante del verbo
yo me levanto / tú te levantas / él se levanta / nosotros nos levantamos / ellos se levantan

En los verbos en infinitivo y gerundio el pronombre se coloca detrás
acostarse / acostándose

C. Escribe un pequeño texto explicando un día en la vida de tu compañero y preséntalo en clase. ¿Cuál es el día más duro?

ACTIVIDAD 3

A. Realiza con tu compañero este breve test sobre los hábitos semanales.

1. ¿Cuántas veces haces deporte?
a. Todos los días.
b. Tres o cuatro veces.
c. Uf…, el deporte es muy cansado. Una o ninguna.

2. ¿Cuántas veces estudias en casa?
a. Todos los días, es lo más importante.
b. Depende, pero más o menos tres o cuatro veces.
c. Mmmm… poco, una o dos veces.

3. ¿Tocas algún instrumento? ¿Cuántas veces?
a. Tres o cuatro veces.
b. Dos veces máximo.
c. No, no me gusta la música.

4. ¿Estudias algún idioma? ¿Con qué frecuencia?
a. Todos los días. ¡Me encantan las lenguas!
b. Dos o tres veces a la semana.
c. No, no me gustan nada las lenguas.

RESULTADO DEL TEST

Mayoría de respuestas A

Eres una persona muy dinámica, ¡demasiado! Tu semana parece la de Justin Bieber.
¡Relájate un poco!

Mayoría de respuestas B

Tienes una semana muy interesante y equilibrada.
¡El estrés es malo! ☺

Mayoría de respuestas C

¡Despierta! El mundo es más que dormir y jugar a la videoconsola.

B. **Ahora comenta con tus compañeros cómo es tu semana. ¿Qué cosas haces? ¿Cuántas veces? Utiliza el cuadro de ayuda**

FRECUENCIA

todos los días
todas las semanas
todos los años
una vez, dos veces, tres veces… a la semana
al mes, al año…

ACTIVIDAD 4

A. **Observa estas imágenes de Tarifa. ¿Cómo crees que es la zona?**

Audio **41**

B. **Escucha el siguiente** *podcast*. **Intenta completar las tablas de cada deporte y compruébalo con tu compañero.**

ACTIVIDAD	
QUÉ INCLUYE	
PRECIO	

ACTIVIDAD	

QUÉ INCLUYE	
PRECIO	

ACTIVIDAD	

QUÉ INCLUYE	
PRECIO	

C. **Comenta las siguientes preguntas con tu compañero.**

1. ¿Qué deporte te parece más divertido?
2. ¿Cuál quieres practicar?
3. ¿Conoces otros deportes acuáticos?
4. ¿Los practicas?

PARA SABER MÁS
Aprender *kitesurf*

ACTIVIDAD 5: ¿TE LO SABES?

HE APRENDIDO	LO QUE + ME HA GUSTADO
TENGO QUE REPASAR	LO QUE - ME HA GUSTADO

UNIDAD ⑫
Deportes de equipo

ACTIVIDAD 1

 A. ¿Sabes qué es un deporte de equipo? Defínelo junto a tu compañero.

B. Aquí tienes los logos de algunos deportes. Intenta unirlos con su nombre correspondiente.

| waterpolo | rugby | hockey sobre patines | fútbol | baloncesto | balonmano |

1._____

2._____

3._____

4._____

5._____

6._____

C. **Haz una lista con los deportes de equipo que conoces y otra lista con los deportes individuales.**

EQUIPO: INDIVIDUAL:

ACTIVIDAD 2

 A. **Lee el siguiente texto. ¿Cuáles de los deportes anteriores se mencionan?**

Practicar deporte es sano. Hacerlo en equipo es, además, divertido. ¿Te has dado cuenta¹ de que la mayoría de las estrellas del deporte juegan en equipo? Todas reconocen que sus compañeros les han ayudado mucho a mejorar su juego, pero también saben que el respeto hacia los rivales es muy importante. ¿Sabes que después de un partido de rugby los dos equipos se van a comer y a beber juntos? Es una tradición muy antigua que los ingleses llaman "el tercer tiempo". Una de las selecciones más potentes del mundo es la argentina. A sus jugadores se les conoce como los Pumas porque son valientes y luchadores.

El fútbol también tiene muchos seguidores en Argentina. Siempre ha existido una gran rivalidad entre los dos equipos más importantes de Buenos Aires: Boca Juniors y River Plate. El Boca juega en el estadio² de La Bombonera, situado en el humilde³ barrio de La Boca. Al River se le conoce también con el nombre de los Millonarios por su costumbre de pagar mucho dinero para contratar⁴ jugadores nuevos.

En España los dos grandes equipos son el Real Madrid y el Barcelona o Barça. El Madrid ha ganado más Ligas y Copas de Europa, pero el Barça ha obtenido muchos títulos en los últimos años.

La selección española de fútbol, la ganadora del Mundial del año 2011, es una de las mejores del mundo. ¿Sabes que la llaman la Roja por el color de su camiseta? La Roja se ha convertido⁵ en un símbolo de valor y de lucha.

El baloncesto⁶ también tiene muchos seguidores en España. Al igual que en el fútbol, la selección nacional de baloncesto ha conseguido varios títulos europeos y mundiales. La selección argentina es también muy fuerte y ha tenido éxitos importantes en los últimos tiempos con muchos grandes jugadores que juegan en equipos de todo el mundo. Audio 42

B. **Relaciona elementos de los dos cuadros.**

1. la Roja	camiseta
2. tercer tiempo	los Millonarios
3. el River	La Bombonera
4. los Pumas	jugadores
5. La Boca	rugby

C. Elige cinco informaciones del texto y crea oraciones siguiendo el ejemplo.

EXPRESAR CAUSA

PORQUE + ORACIÓN
A la selección española se le llama la Roja porque su camiseta es de color rojo.

POR + NOMBRE / INFINITIVO
A la selección española se le llama la Roja por el color de su camiseta.

....
....
....
....
....

ACTIVIDAD 3

PRETÉRITO PERFECTO
Se usa para hablar de experiencias de vida o de acciones pasadas, pero que tienen relación con el presente.

REGULAR
Presente del verbo *haber* (he, has, ha, hemos, habéis, han) + Participio (-AR > -ADO, -ER/-IR > -IDO)
he comprado, ha vendido, hemos salido...

FORMAS IRREGULARES DE PARTICIPIO
abrir - abierto, decir - dicho, morir - muerto, poner - puesto, romper - roto, ver - visto, volver - vuelto

MARCADORES TEMPORALES
CON PRETÉRITO PERFECTO

El pretérito perfecto se usa con marcadores temporales que señalan un intervalo de tiempo que llega hasta el presente:
hoy, este año, esta mañana, esta semana, en septiembre, ya, todavía no, nunca, últimamente...

Ejemplos:
Esta mañana he visto un partido de baloncesto.
Todavía no he visitado París.

A. A continuación tienes unas declaraciones de Leo Messi sobre cómo ha sido su año. Mira el cuadro de ayuda y completa el texto con el verbo y la forma correcta. Utiliza los verbos que te presentamos en el recuadro.

ser (x2)	ganar	disfrutar	terminar	jugar	perder	viajar	firmar	

Todavía no (1)............... el año y ya puedo decir que (2) .... un año muy intenso. (3) .... muchas competiciones; (4)................ algunas y (5) .... otras; pero, bueno, (6) .... mucho haciendo lo que más me gusta: jugar al fútbol. Esta semana, por ejemplo, (7) .... a dos continentes diferentes para jugar un partido con la selección y otro con el Barcelona. Hoy (8) .... un día especial. Esta mañana (9) .... un nuevo contrato con el Barcelona. Voy a estar cinco años más. ¡Estoy muy contento!

ACTIVIDAD 4

 A. Aquí tienes a una estrella del panorama deportivo hispano. ¿Le conoces? ¿Qué sabes de él? Coméntalo con tu compañero.

 B. ¿Qué ha hecho Pau Gasol en su vida? Busca información en internet y escribe un texto. Recuerda que debes utilizar el pretérito perfecto para hablar de experiencias de vida y marcadores temporales como en su vida, siempre, nunca, hasta hoy…

ACTIVIDAD 5

 Audio **43** A. Para esta audición te pedimos algo diferente. Dividid la clase en tres grupos. Cada miembro del grupo elige uno de los deportes. Cada vez que escuchéis ese deporte tenéis que poneros de pie y representarlo.

GRUPO 1	GRUPO 2	GRUPO 3
fútbol	baloncesto	voleibol
natación	tenis	judo

ACTIVIDAD 6: ¿TE LO SABES?

HE APRENDIDO	LO QUE + ME HA GUSTADO
TENGO QUE REPASAR	LO QUE - ME HA GUSTADO

Glosario

inglés: negro
francés: rojo
alemán: azul
italiano: verde
portugués: naranja

UNIDAD 1 SONIDOS LATINOS (p. 8)
1 grosero: rude / rude / grob / rude / rude **2 esclavo:** slave / esclave / Sklave / schiavo / escravo

UNIDAD 3 HUMOR DE AQUÍ Y DE ALLÁ (p. 20)
1 burbuja: bubble / bulle / Blase/ bolla / bolha **2 aficionado:** fan / amateur / Fan / principiante / fã
3 disparatado: madcap / extravagant / Spinner / pazzo-bizzarro / disparatado **4 torpe:** clumsy / maladroit /
tollpatschig / maldestro,goffo / lerdo **5 rebelde:** rebellious / rebelle / rebellisch / ribelle / rebelde

UNIDAD 4 Y TÚ, ¿DE QUIÉN ERES? (p. 26)
1 contar con: to count on / compter sur / zählen auf / contare su / contar com **2 tener a su disposición:**
to have available / avoir à sa disposition / zur Verfügung haben / avere a disposizione / ter à sua disposição

UNIDAD 5 ORIGEN: AMÉRICA (p. 32)
1 mezcla: mix / mélange / Mischung / miscela / mistura **2 guiso:** dish / fare / plat cuisiné / Gericht / stufato
/ ensopado **3 agujero:** hole / trou / Loch / buco / buraco **4 amargo:** bitter / amer / bitter / amaro / amargo

UNIDAD 6 AL-ANDALUS, HISTORIAS Y LEYENDAS (p. 38)
1 pobladores: settlers / habitants / Einwohner / abitanti / colonos **2 fortificado:** fortified / fortifié / befestigt /
fortificato / fortificado **3 convertir:** to convert / convertir / verwandeln / convertire / converter **4 trasladarse:**
move / déménager / umziehen / spostare / trasladar-se **5 convertirse:** become / devenir / werden / diventare
/ converter-se **6 nombrar:** nominate / designer / nominieren / nome / nomear **7 traicionar:** betray / trahir
/ verraten / tradire / trair **8 expulsar:** expel / expulser / vertreiben / espellere / expulsar **9 destierro:** exile
/ exil / Exil / esilio / exílio **10 riego:** irrigation / arrosage / Bewässerung / irrigazione / irrigação **11 noria:**
waterwheel / grande roue / Wasserrad / ruota panoramica, ruota del mulino / engenho, roda-gigante
12 brújula: compass / boussole / Kompass / bussola / bússola

UNIDAD 7 CULTURAS PRECOLOMBINAS (p. 44)
1 extenderse: to spread / s'étendre / sich verbreiten / estendersi / estender-se **2 indígena:** native / natif /
einheimisch / indigena / indígena **3 antepasado:** ancestor / ancêtre / Vorfahren / antenato / antepassado
4 maíz: corn / maïs / Mais / mais / milho **5 territorio:** land / territoire / Land / território **6 alrededores:**
surroundings / alentours / Umgebung / dintorni / arredores

UNIDAD 8 ANIMALES ¡SOS! (p. 50)
1 lince: lynx / lynx / Luchs / lince / lince **2 cola:** tale / queue / Schwanz / coda / calda **3 en punta:** pointed / pointu / spitz / appuntito / arrepiado, pontudo **4 patilla:** sideburn / favoris / Backenbart / basette / costeleta **5 pradera:** meadow / prairie / Wiese / prateria / pradeira **6 equilibrio:** balance / équilibre / Gleichgewicht / equilibrio / equilíbrio **7 cautividad:** captivity / captivité / Gefangenschaft / cattività / cativeiro **8 animar:** to encourage / encourager / ermutigen / incoraggiare / animar **9 atropello:** being hit by a car / accident / überfahren werden / incidente / atropelamento **10 alargada:** elongated / allongée / verlängert / allungata / alongada **11 fondo:** bottom / fond / Grund / fondo / fundo **12 bucear:** to scuba dive / plonger / Tauchen / praticare l'immersione / mergulhar **13 selva:** jungle / jungle / Dschungel / giungla / floresta

UNIDAD 9 PARAÍSOS NATURALES (p. 56)
1 elefante marino: elephant seal / See-Elefant / éléphant de mer / elefante marino / elefante marinho **2 ballena:** whale / baleine / Wal / balena / baleia **3 llanura:** plain / plaine / Ebene / pianura / planície **4 cordillera:** mountain range / chaîne de montagnes / Bergkette / catena montuosa / cordilheira **5 atravesar:** to cross / traverser / überqueren / attraversare / atravessar **6 meseta:** plateau / plateau / Plateau / altopiano / planalto **7 selva:** jungle / jungle / Dschungel / giungla / floresta **8 bosque:** forest / forêt, bois / Wald / bosco, foresta / bosque **9 niebla:** fog / brouillard / Nebel / nebbia / névoa **10 pulmón:** lung / poumon / Lunge / polmone / pulmão **11 mono:** monkey / singe / Affe / scimmia / macaco **12 garza:** heron / heron / Reiher / airone / garça

UNIDAD 10 LAS "BUENAS" ENERGÍAS (p. 62)
1 tempestad: storm / tempête / Unwetter / tempesta / tempestade **2 barcos de vela:** sail boat / bateau à voile / voilier / Segelboote / barche a vela / barco a vela **3 molino:** mill / moulin / Mühle / mulino / moinho **4 harina:** flour / farine / Mehl / farina / farinha **5 exponerse:** to expose oneself / s'exposer / sich etwas aussetzen / esporsi / expor-se **6 gigante:** giant / géant / riesig / gigante / gigante **7 aspa:** blade / aile du moulin / Windmühlenflügel / lama / pá **8 huir:** to flee / fuir / fliehen / fuggire / fugir **9 lanzada:** spear throw / lancée / Lanzenstoß / lanciata / atirada **10 devolver:** to return / rendre / zurückgeben / ritornare / devolver **11 rodar:** to wander / errer / rollen / vagare / vagar

UNIDAD 11 DEPORTES EXTREMOS (p. 68)
1 descenso: descent / descente / Abstieg / discesa / descida **2 ocho en punto:** eight o'clock sharp / huit heures pile / Punkt acht Uhr / otto in punto / oito em ponto **3 desplazarse:** to travel / voyager / reisen / viaggiare / deslocar-se **4 entrenar:** to train / entraîner / trainieren / allenare / treinar **5 prueba:** event / épreuve / Probe / prova / prova **6 disciplina:** sport activity / sport discipline / Disziplin / Sport / disciplina / disciplina esportiva

UNIDAD 12 DEPORTES DE EQUIPO (p. 74)
1 darse cuenta: to realize / réaliser / etwas bemerken / rendersi conto / perceber **2 estadio:** stadium / stade / Stadion / stadio / estádio **3 humilde:** humble / humble / einfach / umile / humilde **4 contratar:** to sign / embaucher / unter Vertrag nehmen / noleggio / contratar **5 convertirse:** to become / tourner / sich verwandeln / convertirsi / converter-se **6 baloncesto:** basketball / basket-ball / Basketball / pallacanestro / basquete